# Faldas
## con estilo

23 ejemplos
para todo tipo
de siluetas

Sato Watanabe

GGDIY

"Con líneas rectas podrás confeccionar bonitas faldas para el día a día y modelos muy femeninos en tu talla".

—Sato Watanabe

# Índice

# Encaje y bordado

## Ⓐ Falda bordada con cintura fruncida y dobladillo con puntilla

Esta sencilla falda fruncida cobra vida gracias al bordado de motivos regulares que se ha añadido. El trazado del patrón es muy sencillo, ya que solo se necesitan líneas rectas. El bordado en forma de hojas está hecho con hilo de tres colores. La puntilla de bolillos de punto torchón que remata el bajo aporta a la prenda un toque de encanto adicional.

**Instrucciones en págs. 34-35.**

# Cintas y sobrepespuntes

## B Falda de doce piezas decorada con bordados y cintas

Esta falda acampanada de líneas definidas está compuesta por doce piezas en forma de trapecio. Sus cintas, de varias anchuras y materiales, ofrecen ritmo a la prenda y el bordado en celosía a lo largo del bajo le aporta un toque de alta costura. Si queremos conseguir un look estiloso, tendremos que usar el mismo color para las cintas y el bordado.

**Instrucciones en págs. 36-37.**

# Línea acampanada

## C Falda acampanada de sarga blanca

La silueta recta y definida de esta falda acampanada cae formando un bajo de amplio recorrido. La falda cierra con botones en la parte derecha del delantero y lleva bolsillos en la espalda, consiguiendo un agradable aspecto desde ambas perspectivas. Podemos combinarla con una camiseta de rayas para crear un look marinero.

**Instrucciones en págs. 38-41.**

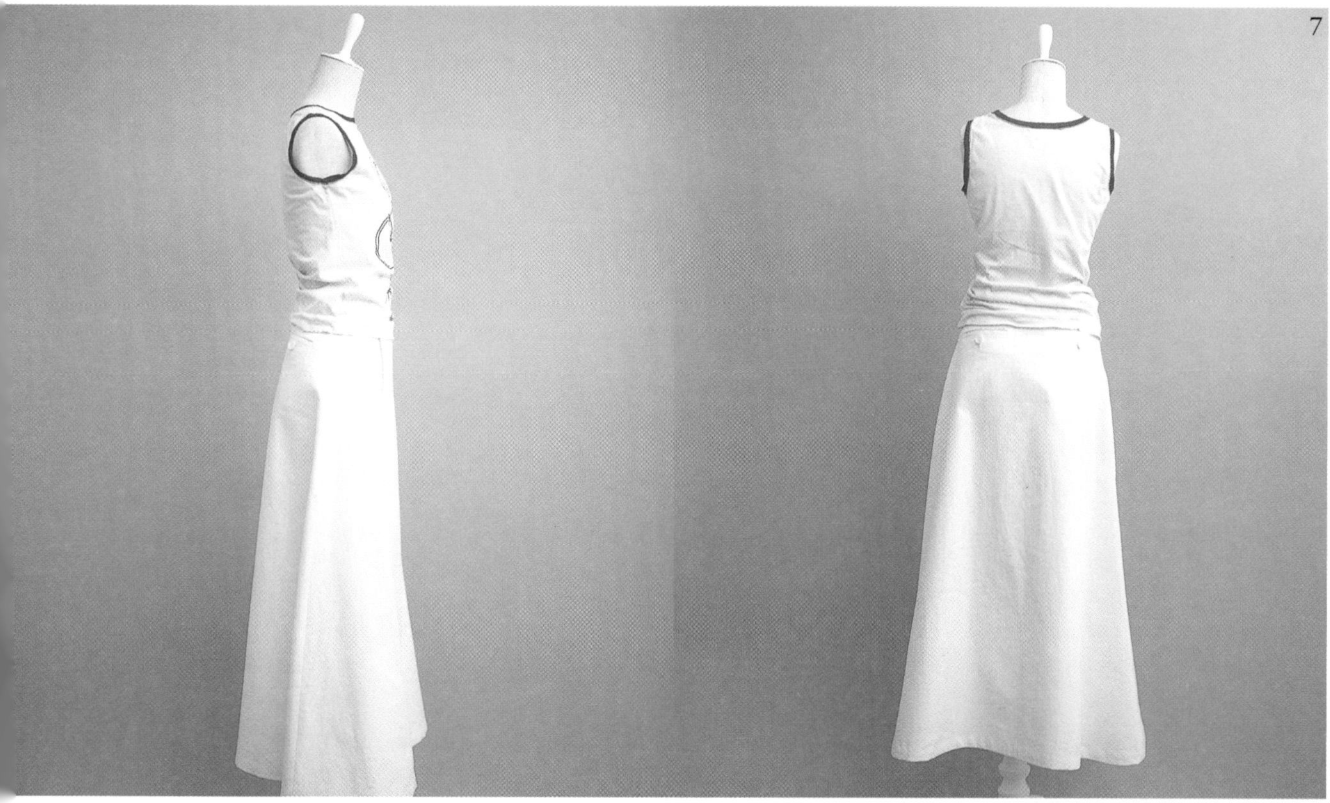

# *Denim* flameado

## D Falda pareo con pieza delantera en *denim* flameado

Esta falda pareo destaca por la pieza cosida en el lado derecho del delantero, cuyo dobladillo cae bajo el resto de la prenda. Esta prenda queda muy moderna si se apoya sobre la cadera con un estilo desenfadado, y también puede confeccionarse en una versión más larga, alargando las costuras laterales en línea recta.

**Instrucciones en págs. 42-43.**

# Blonda

## Ⓔ Falda de blonda con *godets*

Esta falda femenina se ha reforzado con lienzo para darle cuerpo. Su favorecedora línea, plana a la altura de la cadera, se abre formando *godets* por debajo hasta formar un bajo de amplio vuelo. El ribete rosa de la cintura, en un tejido distinto al de la falda, le confiere un bonito matiz.

**Instrucciones en págs. 44-45.**

# Bajo irregular

## Ⓕ Falda con bajo irregular ribeteado con puntilla

Esta falda, realizada con una pieza rectangular, tiene un fuerte componente de diseño. La puntilla negra acentúa el movimiento del bajo al llevar la prenda y las pinzas del canesú ciñen la prenda alrededor de la cadera. También se puede confeccionar la falda si se eliminan las pinzas del canesú y se cambian por una cinta elástica para ajustar la cintura.

**Instrucciones en págs. 46-47.**

# Tablas

## G Falda tableada a rayas

En este ejemplo, la clásica falda de tablas se ha confeccionado en lino a rayas, dispuestas en vertical en el interior de los pliegues para que contrasten. Esta falda es una apuesta segura, pues es uno de los modelos favoritos para primavera y verano, aunque podemos confeccionarla en otro tejido para otoño e invierno. Quedará genial si usamos otro tejido para el interior de las tablas.

**Instrucciones en págs. 48-51.**

# Volantes

## H Falda de volantes escalonados

Los volantes se superponen formando capas en esta falda de cintura fruncida y crean un efecto escalonado. Las variaciones en la longitud y anchura de los volantes añadirán movimiento al diseño. Al utilizar un hilo de color claro para pespuntear los cantos de los volantes destacamos la aleatoriedad de las líneas de diseño.

**Instrucciones en págs. 52-53.**

## Caracola

# ❶ Falda larga de Jacquard estilo "caracola" con pieza recta en el bajo

La silueta de esta falda va ensanchándose en dirección al bajo, que cae en línea recta. Este efecto se consigue uniendo piezas trapezoidales en diagonal y rematándolas con una pieza recta en el bajo. El resultado final hace pensar en la concha de una caracola. La falda también quedará muy bonita si insertamos una puntilla u otro adorno a lo largo de las costuras de las piezas. La cremallera se monta siguiendo la diagonal de las costuras.

**Instrucciones en págs. 54-55.**

# Fruncido irregular

## J Falda con fruncido irregular

Esta falda presenta fruncidos a intervalos irregulares. El fruncido central de la espalda queda más bajo que el del delantero, y crea varios focos de atención. El cordón de la cintura puede anudarse a un lado para dar otro aspecto a la prenda. Una de las grandes ventajas de las faldas confeccionadas con líneas rectas es su versatilidad.

**Instrucciones en págs. 56-57.**

# Falda pareo

## K Falda pareo ribeteada con volante

Al añadir pinzas a la cintura, una falda trazada y confeccionada con líneas rectas adquiere tridimensionalidad. Hemos cosido un volante fruncido a lo largo del canto delantero y del bajo para añadir encanto a la prenda.

**Instrucciones en págs. 58-59.**

# Falda con pliegues

## Ⓛ Falda trapezoidal con adorno lineal

Este patrón trapezoidal demuestra que se puede crear una bonita silueta con pliegues. Al coser los pliegues con las piezas conseguimos que el vuelo del bajo no quede excesivo. Una línea de cinta blanca cosida cerca del bajo confiere a la falda un aspecto pulcro. Así disfrutaremos de un estilo marinero en versión adulta que va más allá del clásico azul marino y blanco.

**Instrucciones en págs. 60-62.**

# Falda vaquera

## Ⓜ Falda vaquera con bolsillo de plastrón

Al trabajar con *denim* se recomiendan los diseños sencillos. Esta falda lleva costuras en el lado derecho del delantero y en el centro de la espalda, y tanto el pequeño bolsillo de plastrón del delantero como el de la espalda, ligeramente mayor, le añaden un sutil detalle. Hemos añadido pinzas en la cintura para aplanar la zona de la cadera.

**Instrucciones en págs. 64-67.**

# Pliegues y entredós

## N Falda de algodón con pliegues en la cintura

Confeccionada en color rosa y adornada con un entredós, esta falda es la personificación del encanto. Hemos insertado una cinta de *grosgrain* marrón por los agujeros del entredós para darle un efecto perfilado. Si queremos reducir el volumen de la falda y conseguir un diseño más elegante, es mejor usar un tejido de alto gramaje.

**Instrucciones en págs. 68-69.**

# *Tweed*

## O Falda de *tweed* con pieza asimétrica en el delantero

Esta falda vanguardista se ha confeccionado uniendo piezas cuadradas y triangulares. Presenta una suave caída en la espalda, y tiene más expresividad en el delantero. Para conseguir un estilismo divertido, podemos combinarla con unas botas que sobresalgan por debajo del dobladillo. También quedará muy bonita si la confeccionamos en *denim*.

**Instrucciones en págs. 70-73.**

# Falda globo

## (P) Falda globo larga

El secreto de la confección de una falda globo está en el forro. Al fruncir el voluminoso bajo de la capa exterior y coserlo al forro, más ceñido, el tejido se recogerá hacia arriba, formando un bajo de agradable forma abullonada. Los pliegues de la cintura aportan a la prenda un ajuste definido.

**Instrucciones en págs. 74-79.**

# Globo negro

## Q Falda globo negra

Esta falda globo de largo midi es fantástica tanto para una ocasión elegante como para un look informal. Utilizamos un tejido con apresto para conseguir una silueta voluminosa. La cintura se ciñe con un cordón, lo que la ajusta a todas las tallas.

**Instrucciones en págs. 74-79.**

# Fruncido con hilo elástico

## Ⓡ Falda con canesú fruncido con hilo elástico y cinturón de puntilla

Esta falda lleva un fruncido con hilo elástico en la cintura y la cadera. Se basa en una falda de cintura fruncida, si bien el elástico permite ajustarla a la cadera. La falda tiene forma levemente acampanada y el cinturón se ha confeccionado con la misma puntilla que remata el bajo.

**Instrucciones en págs. 80-81.**

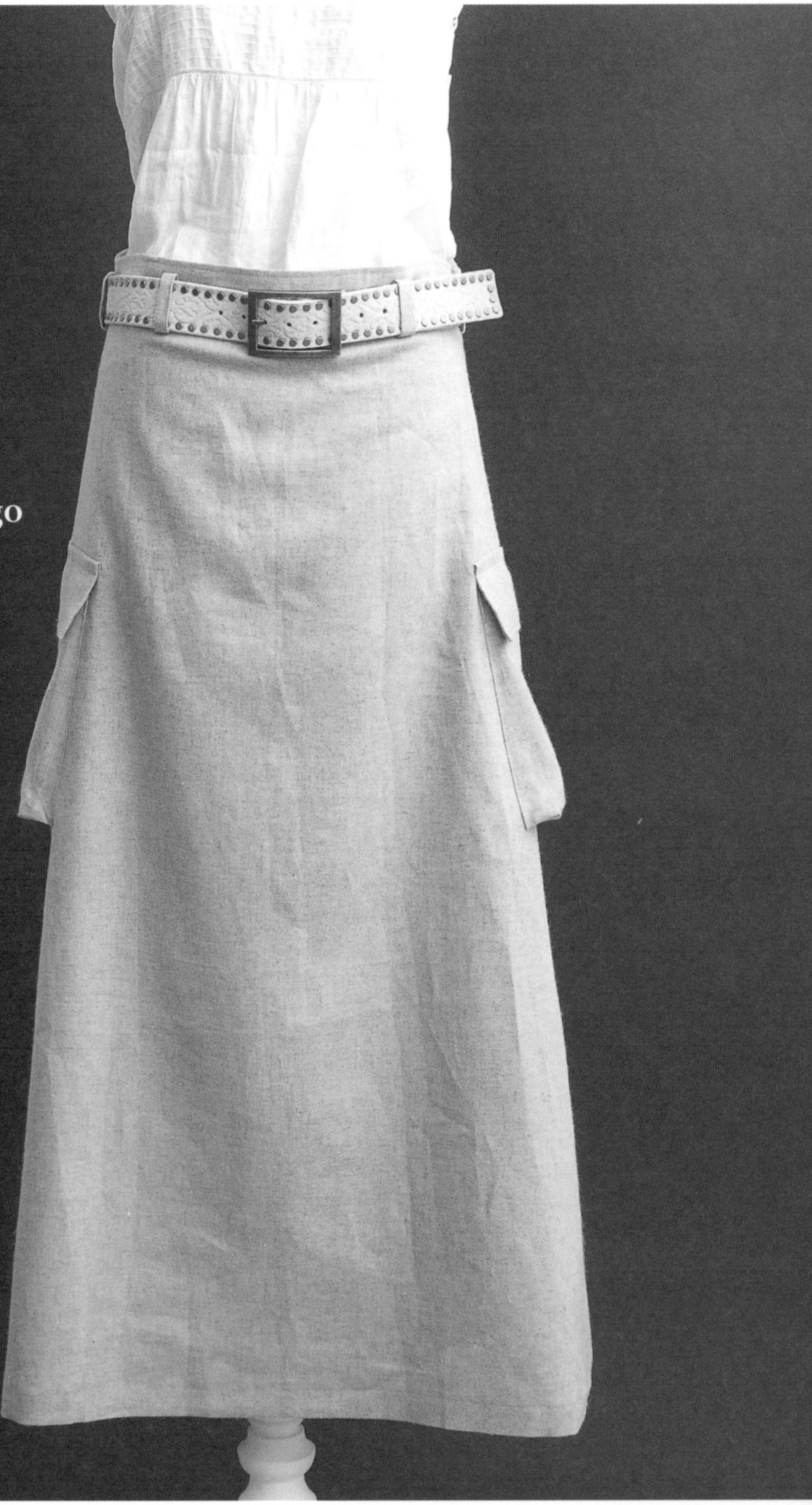

# Lino

## S Falda de lino con bolsillos tipo cargo

He elegido el lino para esta falda porque es un tejido que, aunque se arrugue, mantiene su estilo. Con sus bolsillos tipo cargo y su forma acampanada, esta versátil prenda queda bien combinada en *looks* informales sin perder la elegancia. Aquí se presenta apoyada sobre la cadera, aunque también queda bonita ceñida a la cintura.

Instrucciones en págs. 82-83.

# Puntadas y lorzas

## S Falda bordada con detalle de lorzas horizontales

Aunque sea de un tejido sencillo y con bordados entre las lorzas, podemos convertir esta falda en una prenda muy especial. Aunque la confección de las lorzas sea un poco difícil, vale la pena el esfuerzo por la satisfacción que nos proporcionará cuando la falda esté acabada.

**Instrucciones en págs. 84-85.**

# Ocho botones

## Ⓤ Falda con ocho botones y franjas horizontales

En esta falda hemos utilizado tejido de tres colores distintos para crear franjas horizontales. Podemos usar lino en tonos naturales para una versión veraniega de la prenda o una franela de tonos cálidos para las versiones invernales. Escogemos los botones en un color que resalte.

**Instrucciones en págs. 86-87.**

# Tres colores

## Ⓥ Falda tricolor de 18 piezas

Esta falda está hecha con formas trapezoidales en tres colores. Hemos cortado seis piezas en cada color para obtener dieciocho piezas. Algunas de las costuras de unión están vueltas del derecho, como las costuras francesas. Creo que estas irregularidades confieren personalidad al diseño. Elegid libremente los colores que vais a usar.

**Instrucciones en págs. 88-89.**

# Vuelo desigual

## Ⓦ Falda de ocho piezas y vuelo desigual en bordado suizo

En esencia, esta prenda es una falda de ocho piezas de proporciones generosas a la que he añadido un elemento de diseño usando diferentes tejidos en cada pieza. La textura variada de los tejidos de color negro añade interés visual a la falda, y la cremallera, cosida en el exterior, le confiere un marcado carácter.

**Instrucciones en págs. 90-93.**

# Notas sobre los forros

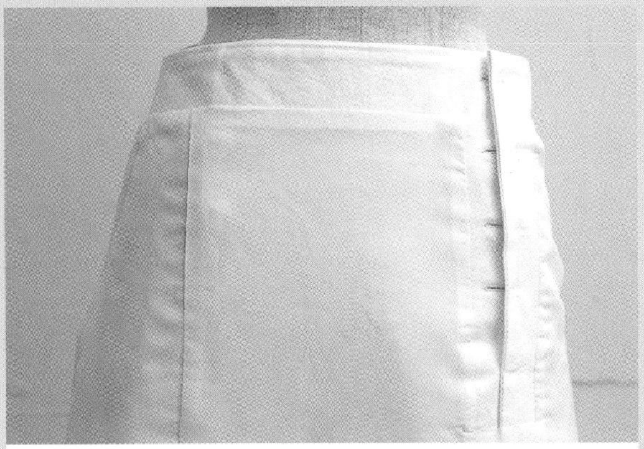

**C Falda acampanada de sarga blanca**

El forro de esta falda acampanada está cortado con el mismo patrón que el de la falda. Para faldas rematadas con pulido, el forro debe cortarse sin incluir la sección del pulido. El bajo no tiene margen de costura y se remata con un dobladillo que se crea doblando dos veces hacia arriba 1,5-2 cm de tejido y fijándolo con una costura. El dobladillo será 2-3 cm más corto que la falda.

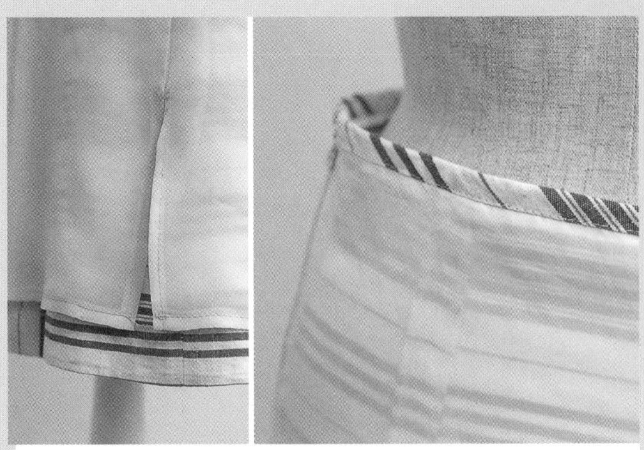

**G Falda tableada a rayas**

Esta falda de rayas también muestra una silueta *evasé*. El forro se corta con el mismo patrón que la falda, pero sin incluir la sección plegada. Como la falda coge mucho cuerpo gracias a las tablas, hemos practicado dos aberturas en las costuras laterales del forro para que pueda moverse siguiendo la caída de la prenda. Para una falda de 65 cm de largo, recomendamos aberturas de 20 cm de largo.

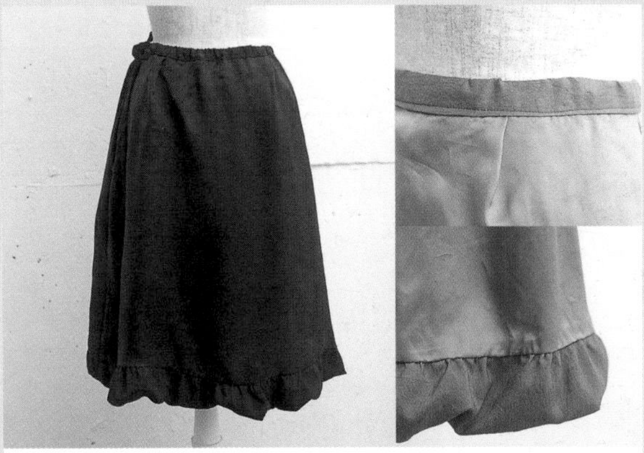

**P, Q Faldas globo**

En faldas fruncidas o globo que necesitan mucho tejido, recomiendo confeccionar un forro de línea acampanada con pliegues en la cintura para facilitar el movimiento. En las faldas globo, el bajo del forro irá cosido al de la falda. En una falda fruncida, hacemos un dobladillo doble como en el modelo C que hemos visto arriba.

**W Falda de ocho piezas y vuelo desigual en bordado suizo**

En las faldas de vuelo con mucho volumen, podemos cortar el forro siguiendo el patrón de la falda. Para ello, unimos las piezas del patrón para convertir en cuatro las ocho piezas de la falda. Cortamos las piezas del forro con la misma longitud que las de la falda, eliminamos el margen del dobladillo, y doblamos el tejido 3 cm hacia arriba para crear el bajo.

## Consejos para confeccionar las faldas

Las faldas acampanadas, de silueta trapezoidal, se han diseñado para apoyarse en la cadera, por lo que el recorrido de la cintura es un poco más largo. Podemos llevar estas faldas a cadera o ajustarlas a la cintura con un cinturón.

Las faldas trapezoidales quedan muy bien cuando se llevan a cadera, ya que las prendas que se apoyan en la cadera crean una silueta fluida y elegante.

No existen dos cuerpos iguales.
Por eso, al confeccionar una falda, quizá no se ajuste a la perfección. Para quienes tengáis una cadera redondeada, os recomiendo que, al trazar el patrón, acortéis el recorrido entre la cintura y la cadera. Esto generará más volumen en el bajo, pero evitará que otras áreas de la prenda queden demasiado ceñidas. También podéis dibujar una línea curva sobre el patrón para conectar la cintura con la cadera, en vez de usar una línea recta. Al trazar el patrón, le damos 3-4 cm de holgura adicional en la cintura (C) y la cadera (CA); es decir, creamos el patrón tomando las "medidas finales" como guía para la cintura (C) y la cadera (CA). El largo de la falda dependerá del gusto de la usuaria, así que los patrones pueden alargarse o acortarse. Si tenéis una falda con el largo adecuado, podéis utilizarla como guía para crear las faldas de este libro.

**En algunos proyectos, los pasos para realizar la prenda no siguen una secuencia correlativa, por lo que se recomienda revisar todos los pasos y sus correspondientes esquemas antes de seguir con el proyecto.**

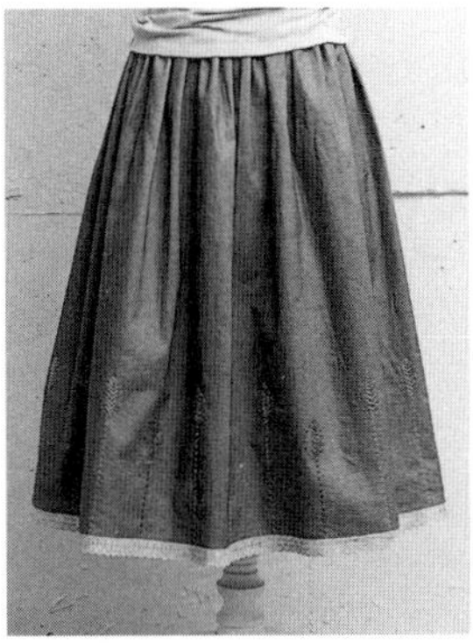

## Ⓐ Falda bordada con cintura fruncida y dobladillo con puntilla (foto en pág. 4)

### MATERIALES

Tejido: una pieza de algodón flameado de 106 cm de ancho × 1,5 m de largo
Entretela termoadhesiva: una tira de 2 × 23 cm
1 cremallera de 20 cm de largo
Refuerzo para la cinturilla: una tira de 3 cm de ancho × (tu medida de cintura + 3 cm)
Encaje: una tira de 2 cm de ancho × 2 m de largo
Un corchete plano para falda
Un cierre a presión
Hilo para bordar en color blanco, naranja y marrón

### CONFECCIÓN PASO A PASO

1. Cosemos el lado izquierdo de la falda e insertamos la cremallera.
2. Cosemos el lado derecho y abrimos la costura.
3. Cosemos la cinturilla a la falda.
4. Cosemos el encaje al bajo.
5. Cosemos el corchete plano a la falda.
6. Hacemos el bordado.

- **Trazado y colocación de los patrones para el corte**
(Todos los márgenes de costura tienen 1 cm de ancho.)

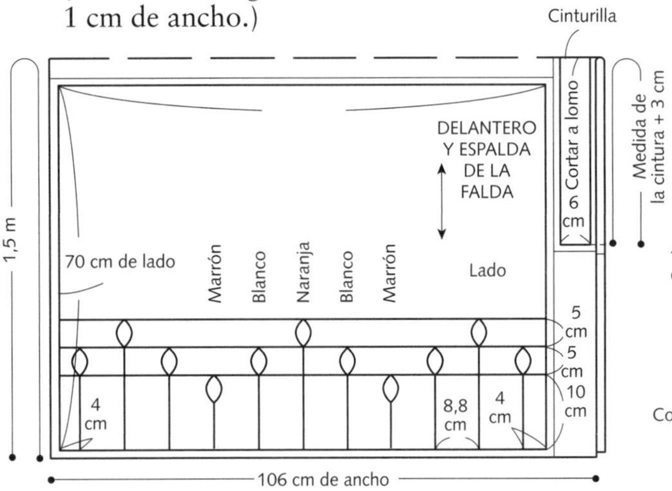


### 3. Cosemos la cinturilla a la falda.

① Marcamos los símbolos sobre el tejido.

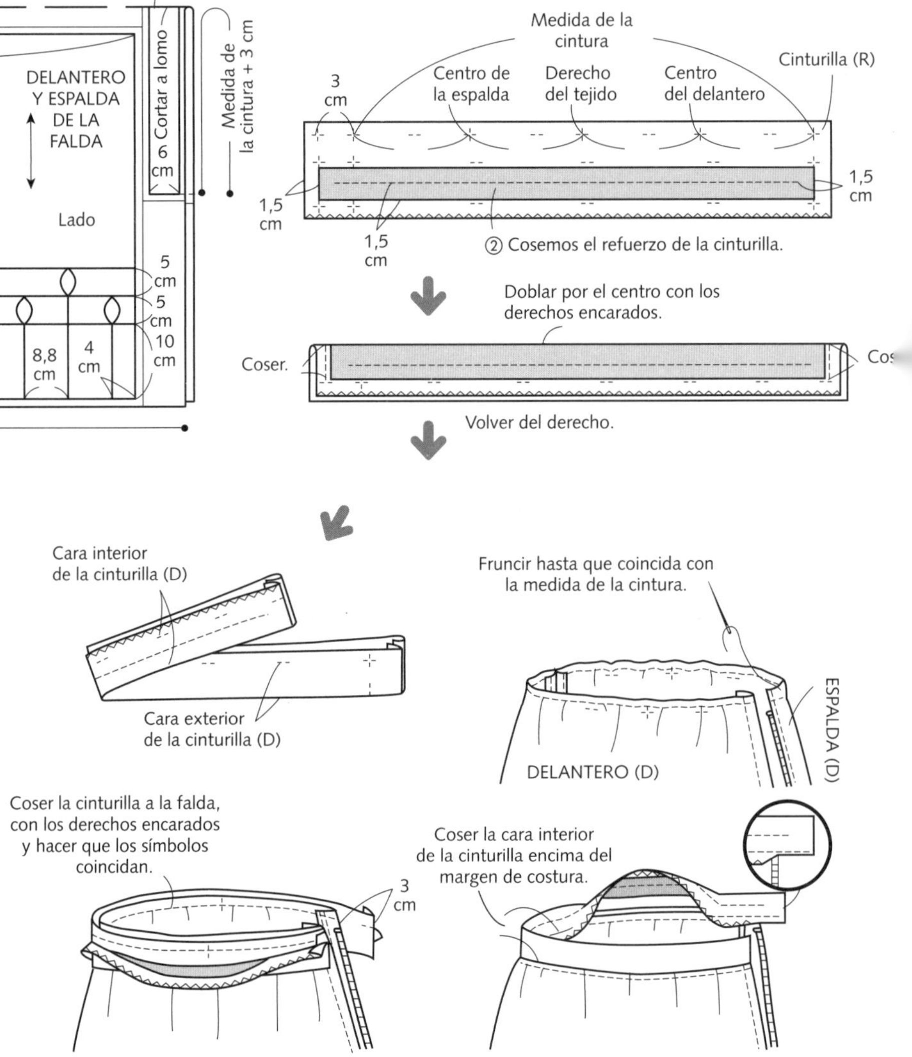

## 1. Cosemos la costura lateral izquierda e insertamos la cremallera.

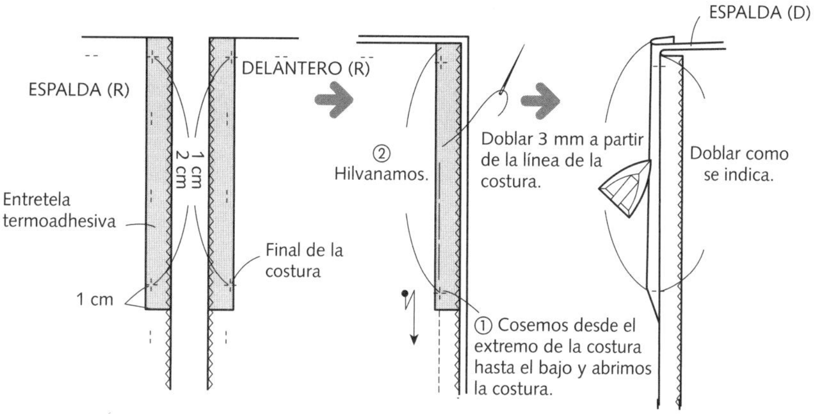


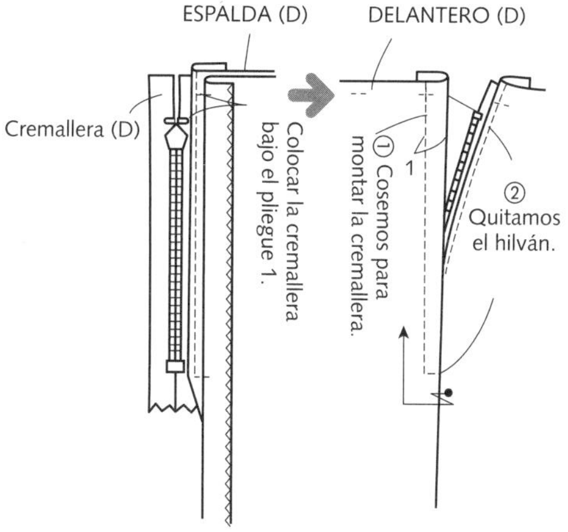


## 6. Instrucciones para el bordado (tamaño real).

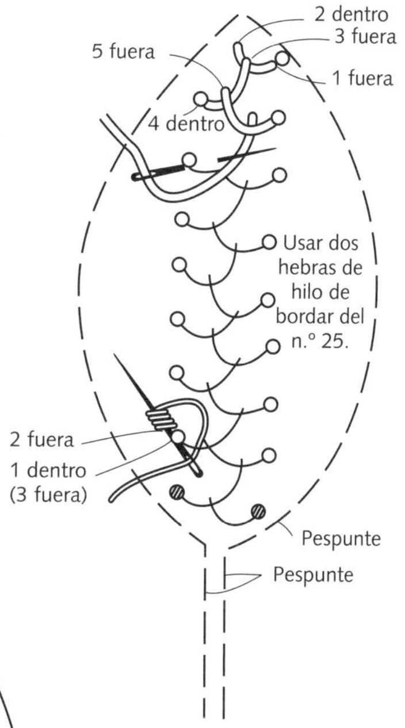


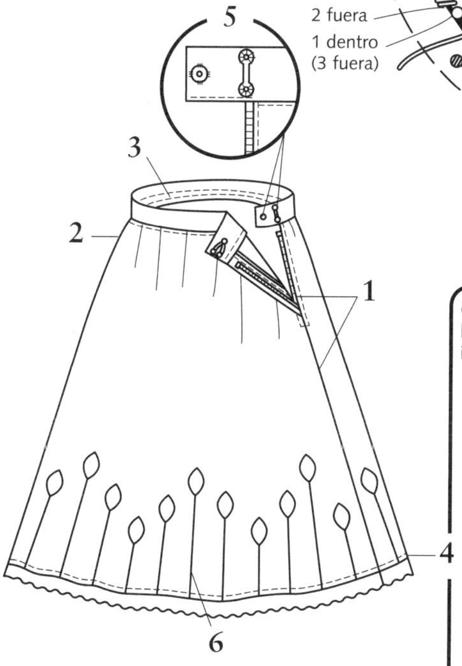


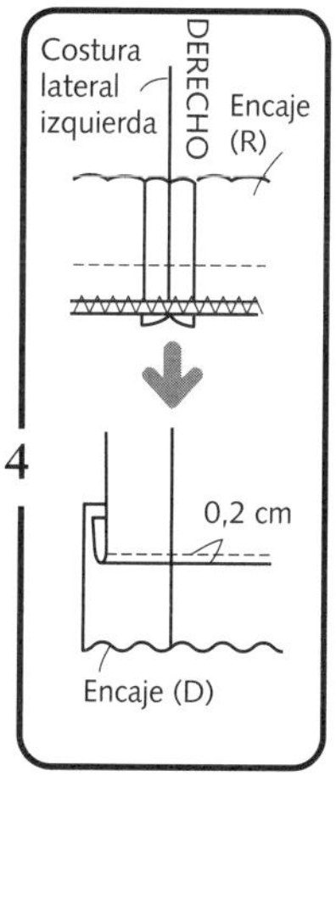

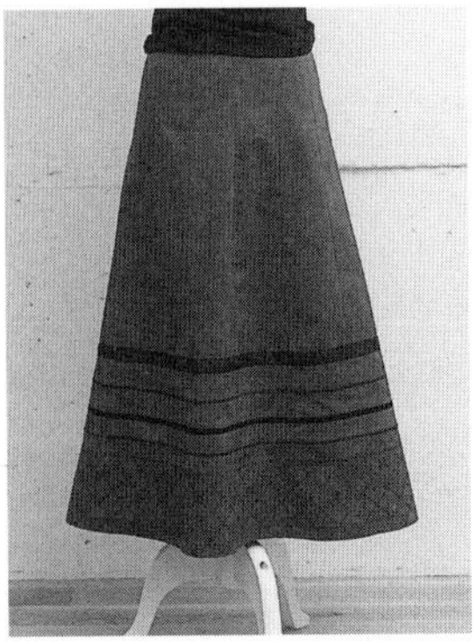

## Ⓑ Falda de doce piezas decorada con bordados y cintas (foto en pág. 5)

### MATERIALES

Tejido: una pieza de tejido liso de color gris de 110 cm de ancho × 2,3 m de largo
Entretela termoadhesiva: una tira de 2 cm de ancho × 22 cm de largo
Una cremallera invisible de 22 cm de largo
Un corchete
1,4 m de cinta de organza de 2,5 cm de ancho
1 m de cordón de cuero de 0,4 cm de ancho
Hilo de bordar de color negro

### CONFECCIÓN PASO A PASO

1. Unimos las doce piezas entre sí.
2. Cosemos el lado izquierdo hasta la abertura de la cremallera invisible y la insertamos (pág. 76).
3. Cosemos la cinturilla a la falda.
4. Hacemos el dobladillo del bajo (pág. 67).
5. Cosemos la cinta a la falda.
6. Bordamos el bajo.
7. Cosemos el corchete a la falda (pág. 63).

## • Trazado de patrones
### Orden de trazado

① Trazamos un rectángulo (parte sombreada del esquema).
② Dibujamos el bajo.
③ Desde el punto medio de la línea de cadera, trazamos una línea vertical de 18 cm para determinar la cintura.
④ Unimos P y Q con una línea recta.
⑤ Trazamos una curva suave que una Q y R.

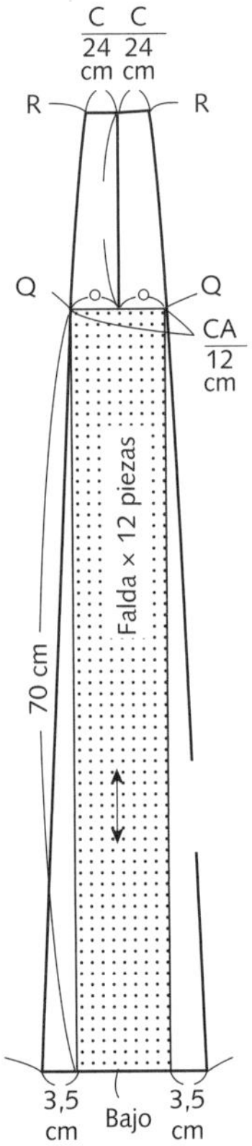


## 1. Unimos las 12 piezas.

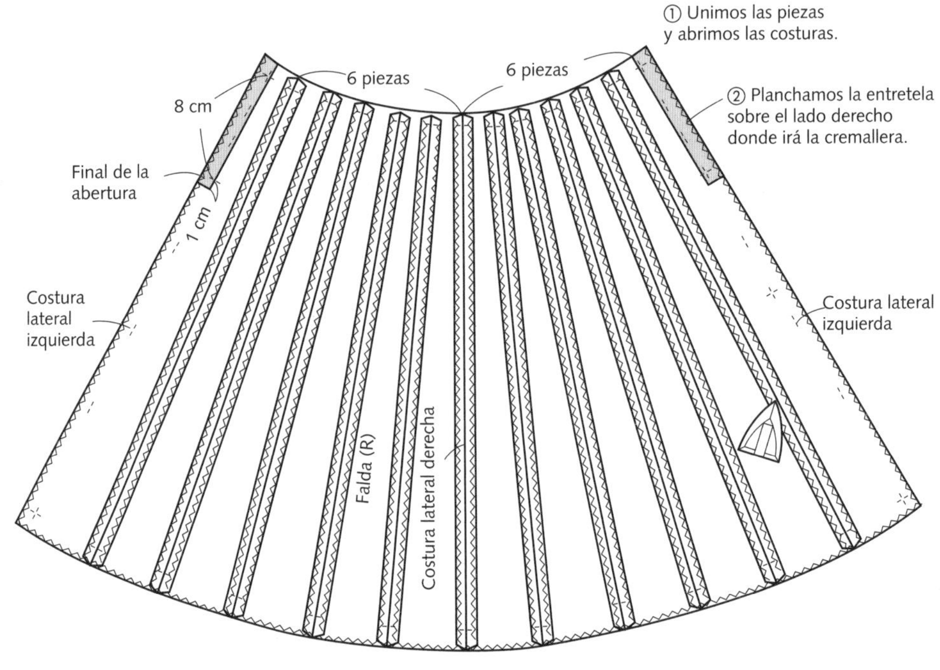

- **Colocación de los patrones para el corte**
  Las cifras entre corchetes señalan el margen de costura.
  Donde no se indique, dejamos 1 cm de margen.

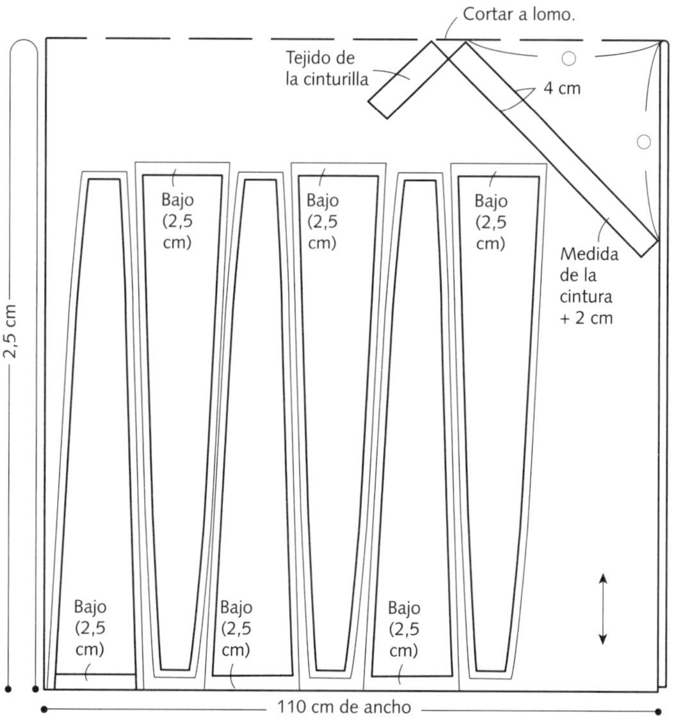


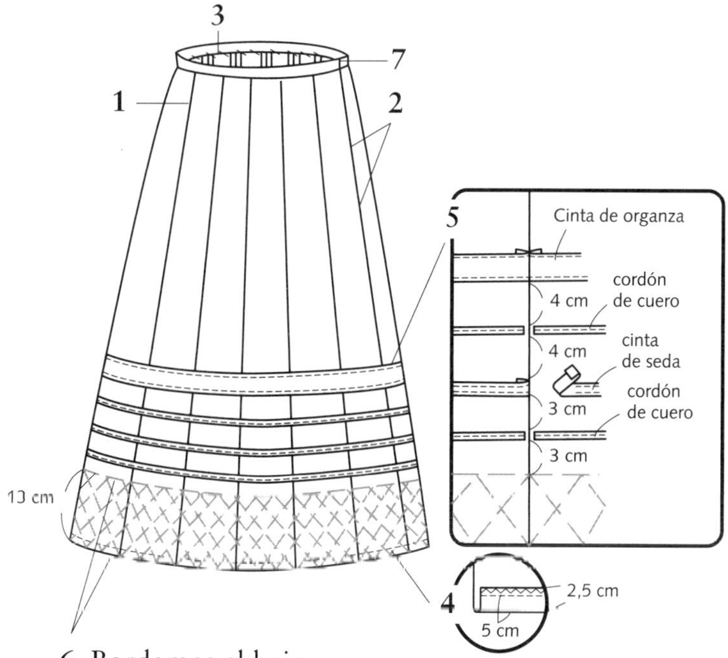


**6.** Bordamos el bajo.

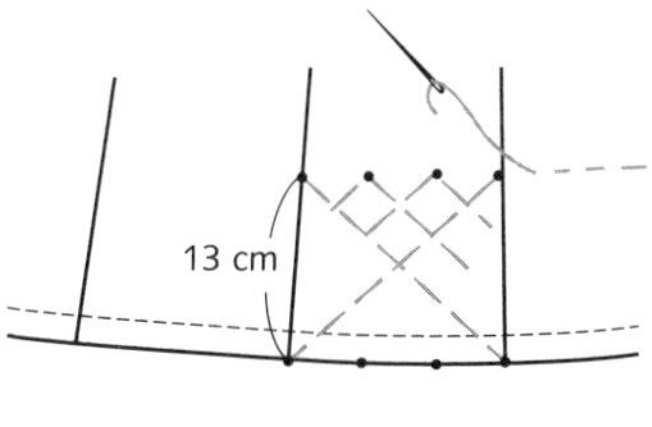


Usamos dos hebras de hilo de bordar del n.º 25 para crear un pespunte con punto de bastilla.

Dividimos cada pieza en tercios y unimos las marcas en diagonal como muestra la ilustración.

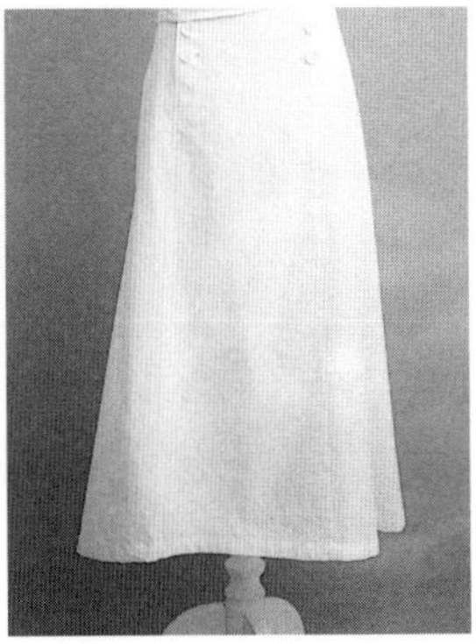

## Ⓒ Falda acampanada de sarga blanca (foto en págs. 6-7)

### MATERIALES

Tejido: una pieza de sarga de 142 cm de ancho × 2 m de largo
Forro: una pieza de cupro de 92 cm de ancho × 1,7 m de largo
Entretela termoadhesiva: una pieza de 60 cm de ancho × 40 cm de largo
8 botones de 2,3 cm de diámetro
2 botones de 1,8 cm de diámetro

### CONFECCIÓN PASO A PASO

1. Cosemos los bolsillos a la falda.
2. Cosemos la costura del lado izquierdo del delantero y pasamos un sobrepespunte por el derecho del tejido.
3. Cosemos las costuras laterales hasta las marcas de la cintura.
4. Cosemos el pulido a la falda (pág. 87).
5. Cosemos la costura del lado derecho del delantero y pasamos un sobrepespunte por el derecho del tejido.
6. Hacemos el dobladillo del bajo (pág. 67).
7. Cosemos el forro a la falda.
8. Hacemos los ojales y cosemos los botones (pág. 63).

## • Trazado de patrones

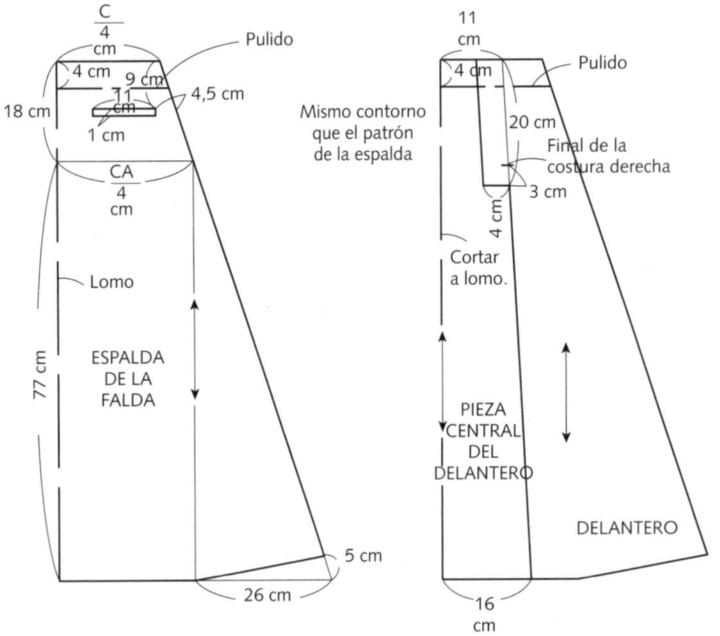


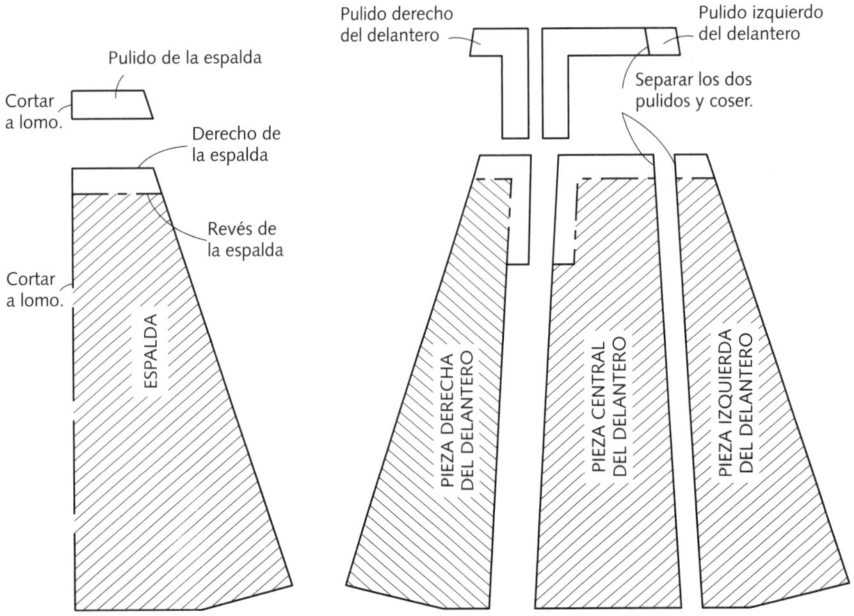


Creamos el patrón para el forro eliminando las secciones de los pulidos del patrón de la falda.

## 1. Cosemos los bolsillos.

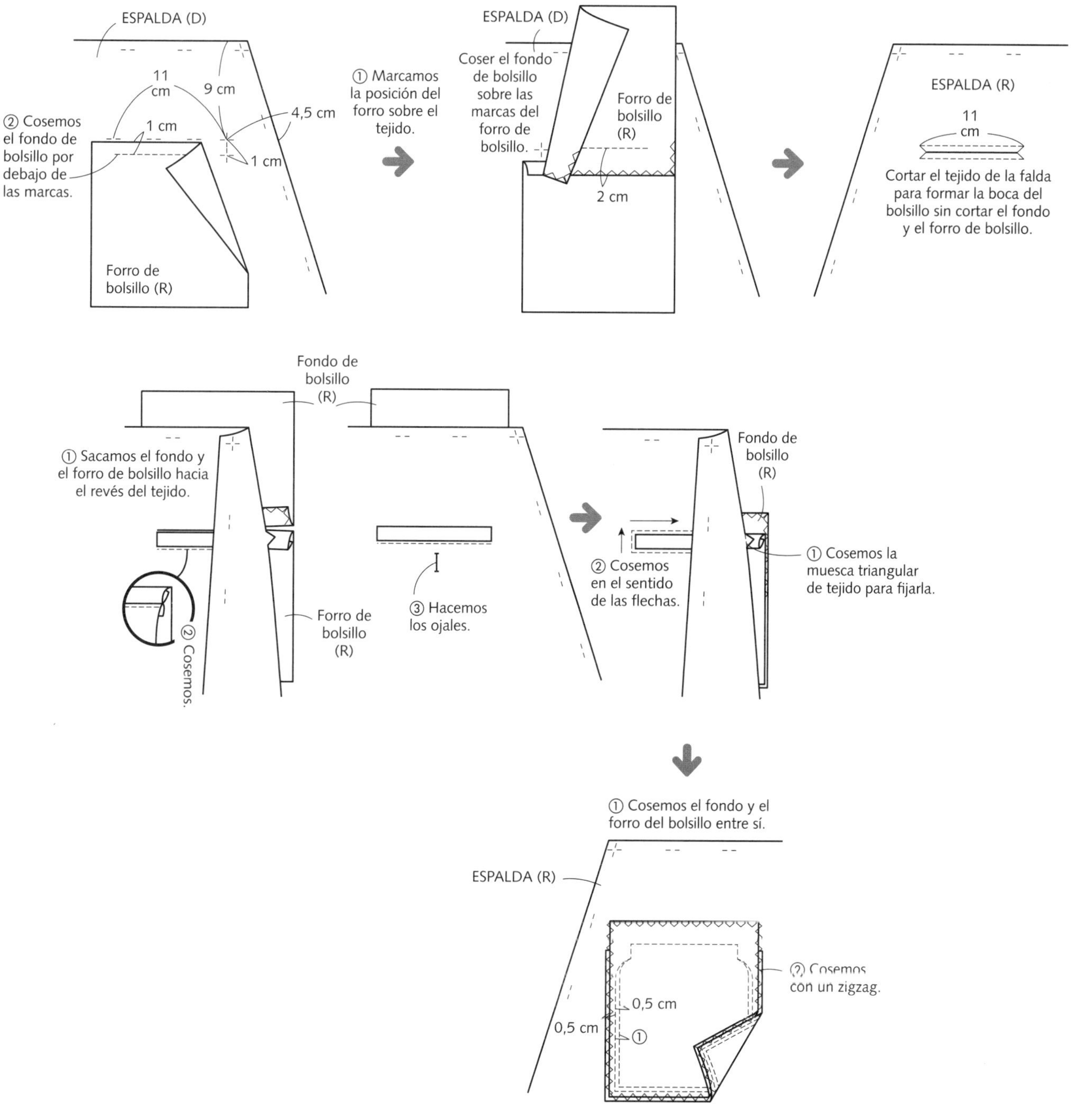
ESPALDA (D)
11 cm
9 cm
② Cosemos el fondo de bolsillo por debajo de las marcas.
1 cm
4,5 cm
1 cm
Forro de bolsillo (R)
① Marcamos la posición del forro sobre el tejido.
ESPALDA (D)
Coser el fondo de bolsillo sobre las marcas del forro de bolsillo.
Forro de bolsillo (R)
2 cm
ESPALDA (R)
11 cm
Cortar el tejido de la falda para formar la boca del bolsillo sin cortar el fondo y el forro de bolsillo.
Fondo de bolsillo (R)
① Sacamos el fondo y el forro de bolsillo hacia el revés del tejido.
② Cosemos.
Forro de bolsillo (R)
③ Hacemos los ojales.
② Cosemos en el sentido de las flechas.
Fondo de bolsillo (R)
① Cosemos la muesca triangular de tejido para fijarla.
① Cosemos el fondo y el forro del bolsillo entre sí.
ESPALDA (R)
② Cosemos con un zigzag.
0,5 cm
0,5 cm
①

- **Colocación de los patrones para el corte**
  Las cifras entre corchetes señalan el margen de costura. Donde no se indique, dejamos 1 cm de margen.

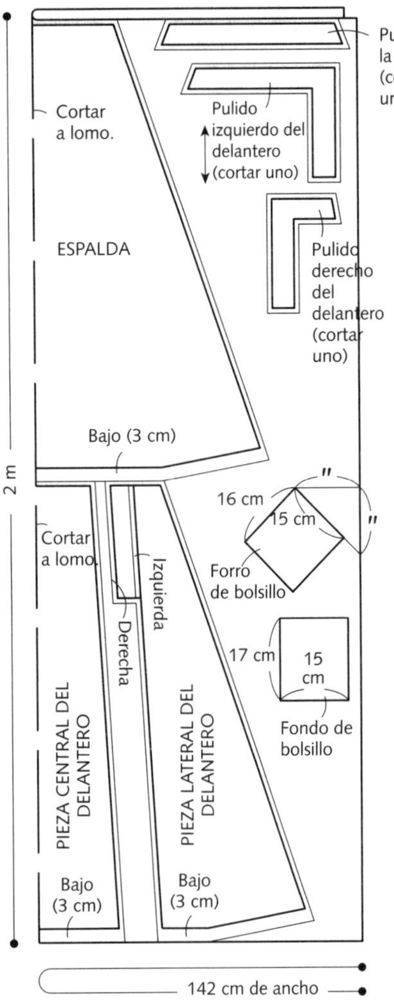


**5. Cosemos la costura derecha del delantero y hacemos un sobrepespunte.**

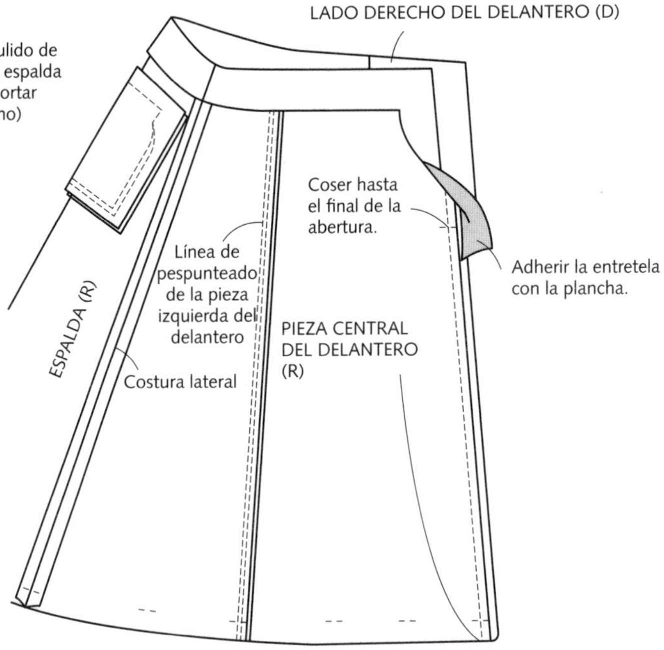


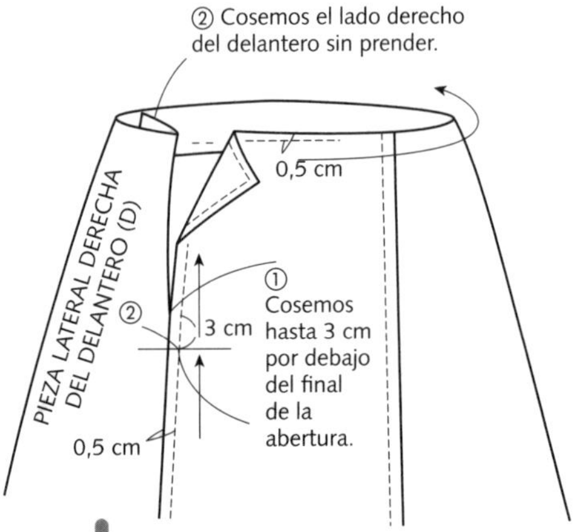


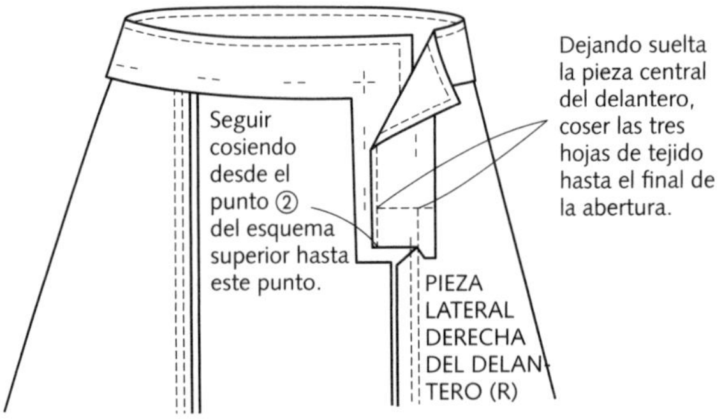

## 7. Cosemos el forro.

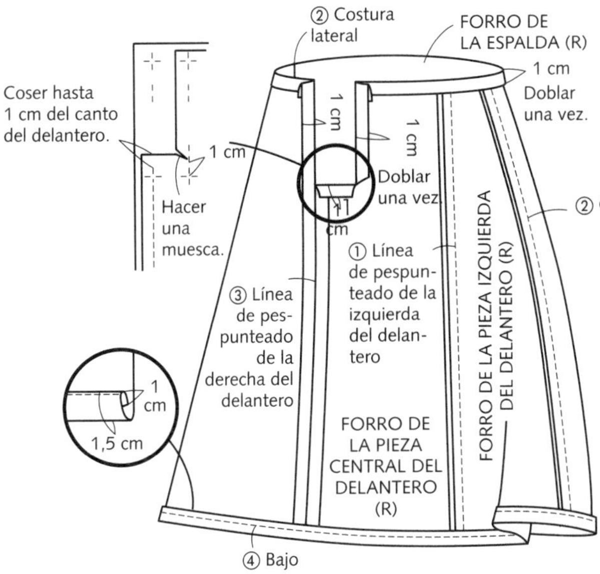


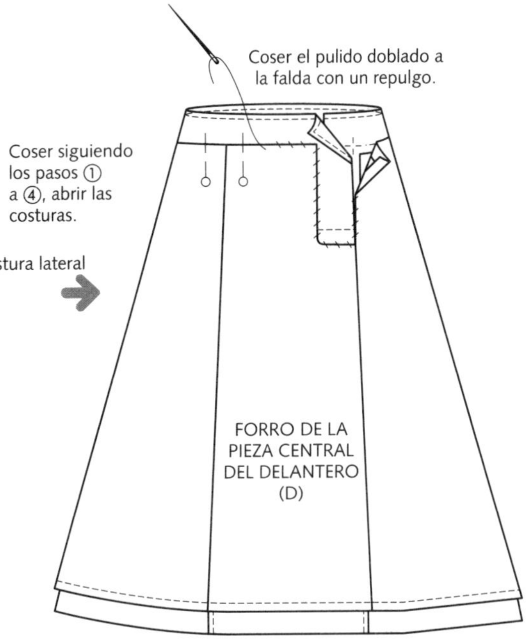


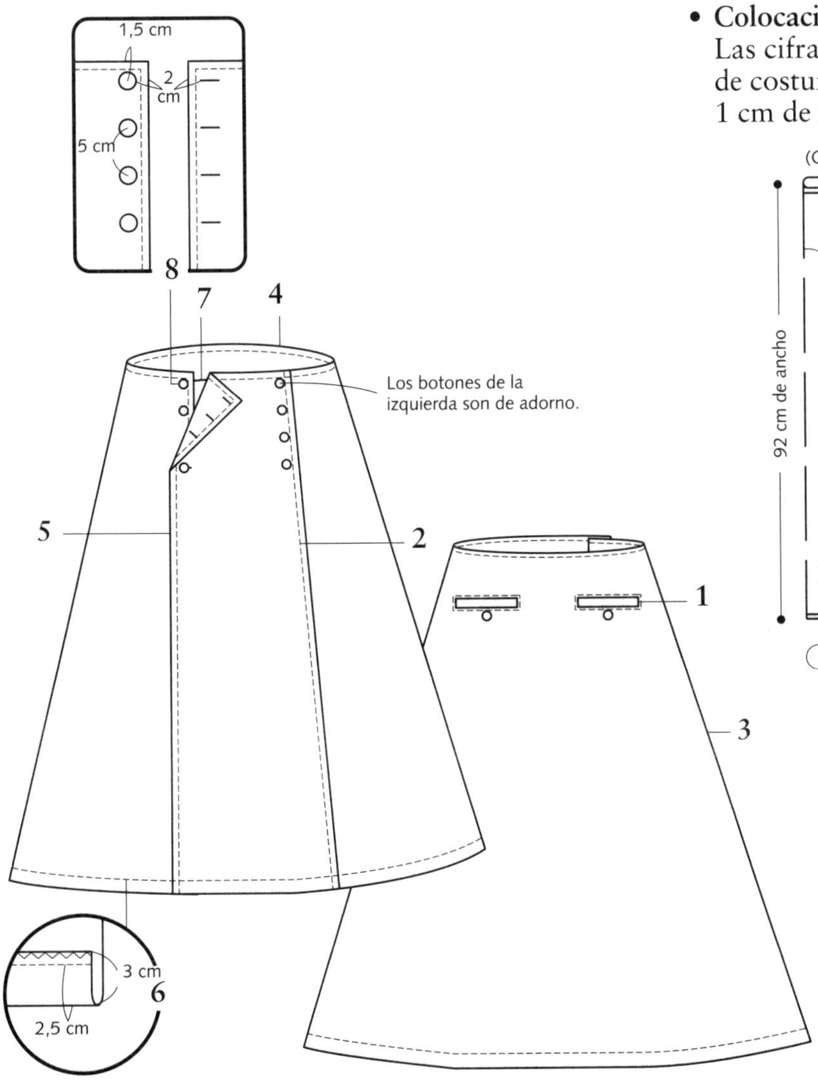


- **Colocación de los patrones para el corte (forro)**
Las cifras entre paréntesis señalan el margen de costura. Donde no se indique, dejamos 1 cm de margen.

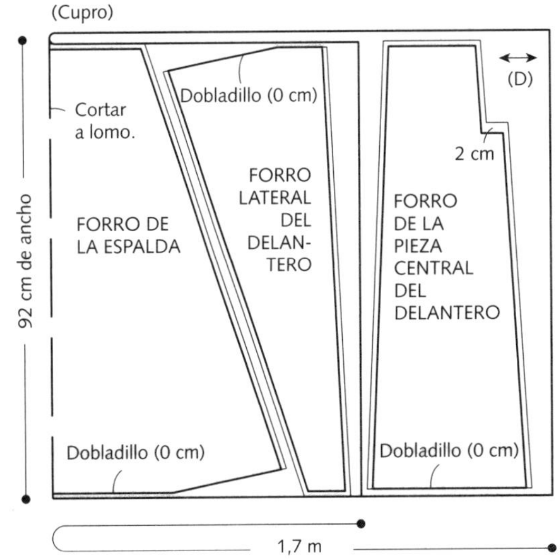

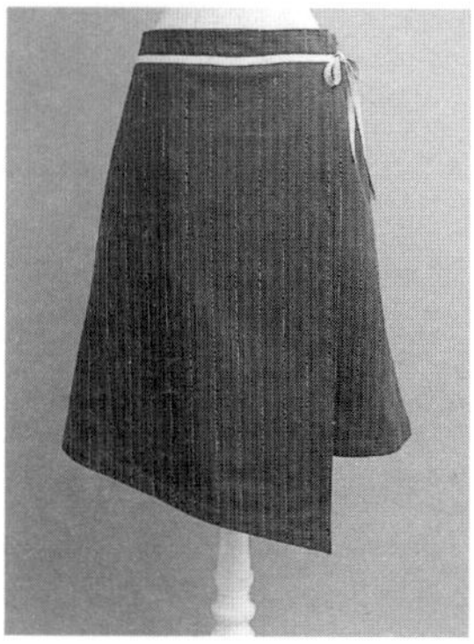

## D Falda pareo con pieza delantera en *denim* flameado (foto en págs. 6-7)

### MATERIALES

Tejido: una pieza de *denim* flameado teñido en hilo de 114 cm de ancho × 1,5 m de largo
Entretela termoadhesiva: una pieza de 20 cm de ancho × 50 cm de largo
Una cremallera invisible de 22 cm de largo
Un corchete
Una tira de cuero de 1 cm de ancho × 1,6 cm de largo

### CONFECCIÓN PASO A PASO

1. Cosemos el lado izquierdo hasta la abertura e insertamos la cremallera (pág. 76).
2. Pulimos el bajo, el canto delantero y la cintura de la pieza delantera doblando tres veces el tejido y fijándolo con un pespunte. Cosemos la pieza al lado derecho de la falda.
3. Adherimos la entretela a la cintura.
4. Hacemos el dobladillo del bajo. Posicionamos y cosemos la tira de cuero como muestra la ilustración.
5. Cosemos el corchete (pág. 63).

### • Trazado de patrones

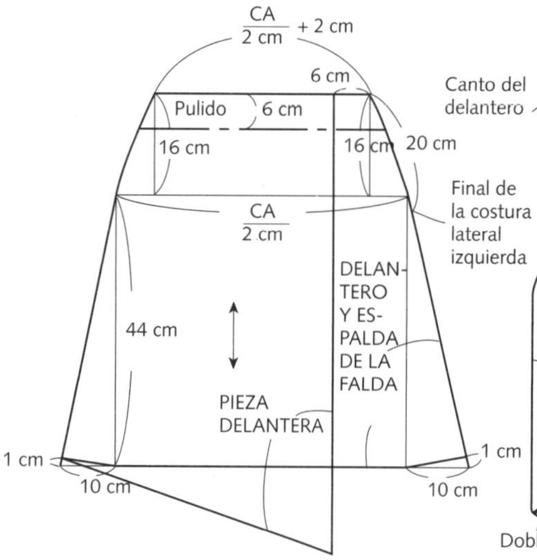


### 2. Cosemos la pieza delantera.

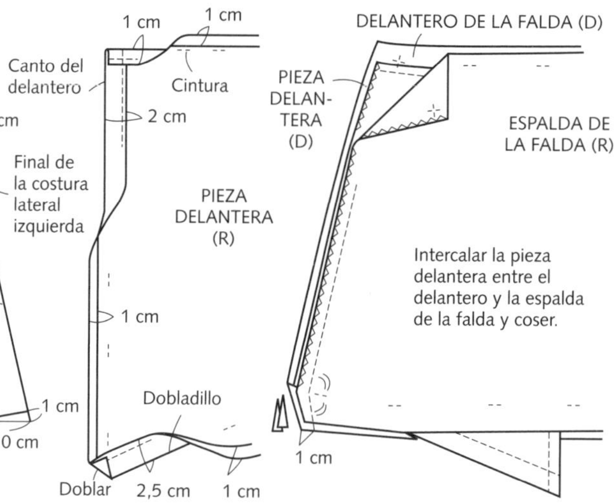


### • Colocación de los patrones para el corte

Las cifras entre paréntesis señalan el margen de costura. Donde no se indique, dejamos 1 cm de margen.

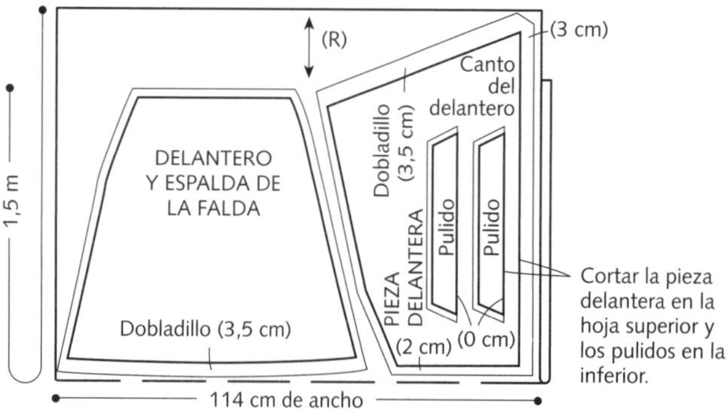


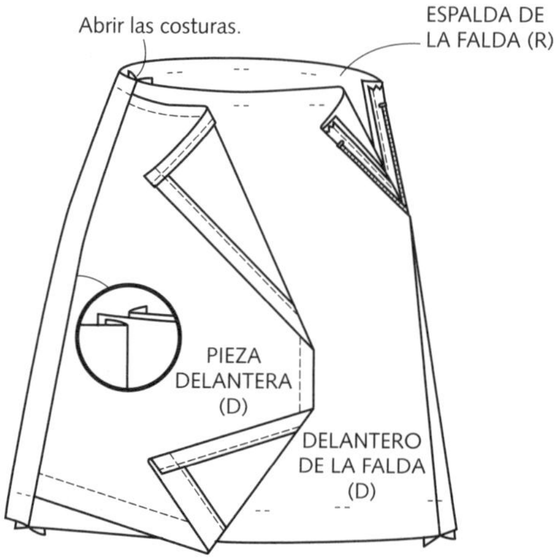

### 3. Cosemos el pulido a la cintura.

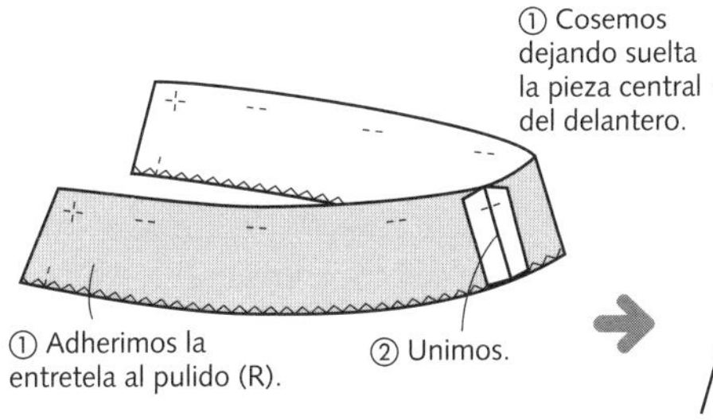

① Adherimos la entretela al pulido (R).
② Unimos.

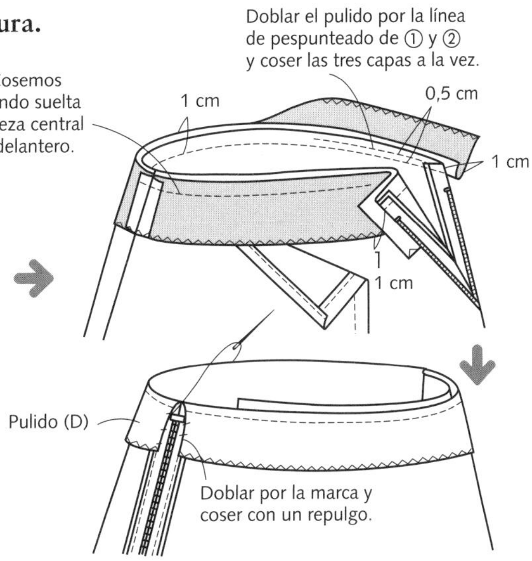

Doblar el pulido por la línea de pespunteado de ① y ② y coser las tres capas a la vez.
① Cosemos dejando suelta la pieza central del delantero.
1 cm
0,5 cm
1 cm
1 cm
Pulido (D)
Doblar por la marca y coser con un repulgo.

### 4. Hacemos el dobladillo del bajo y cosemos la tira de cuero.

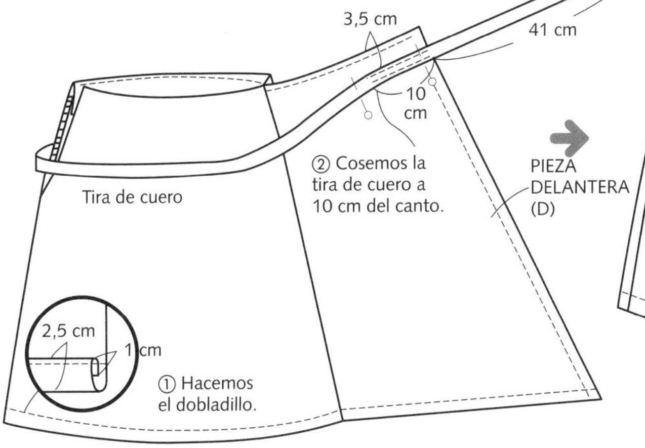

3,5 cm
41 cm
10 cm
② Cosemos la tira de cuero a 10 cm del canto.
PIEZA DELANTERA (D)
Tira de cuero
2,5 cm
1 cm
① Hacemos el dobladillo.

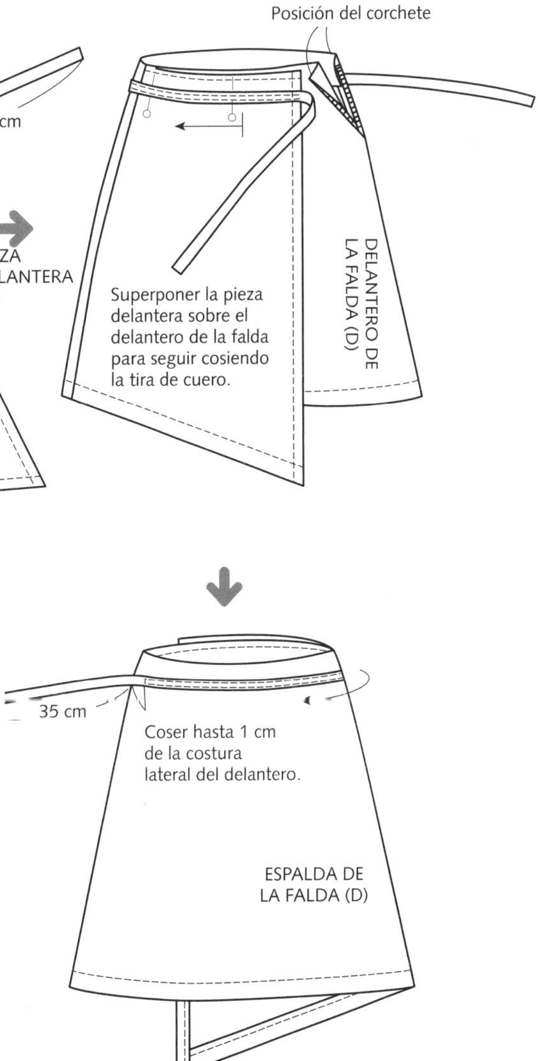

Posición del corchete
Superponer la pieza delantera sobre el delantero de la falda para seguir cosiendo la tira de cuero.
DELANTERO DE LA FALDA (D)
35 cm
Coser hasta 1 cm de la costura lateral del delantero.
ESPALDA DE LA FALDA (D)

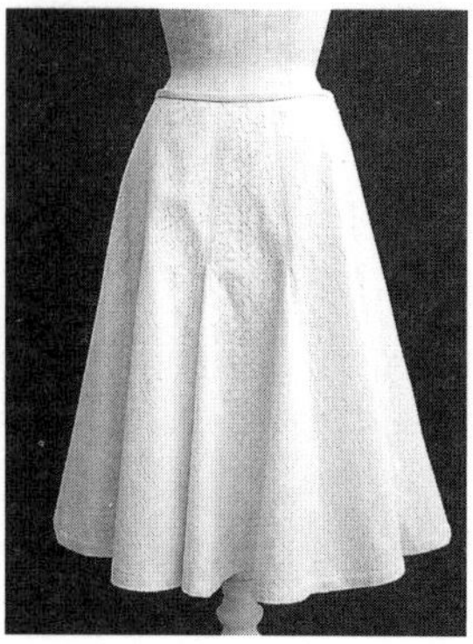

## E Falda de blonda con *godets* (foto en pág. 8)

### MATERIALES

Tejido: una pieza de blonda de 110 cm de ancho × 2,3 m de largo
Una pieza de lienzo (para el refuerzo) de 110 cm de ancho × 2,3 m de largo
Una tira de tejido liso de color rosa de 90 cm de largo × 0,6 m de ancho
Una cremallera invisible de 22 cm de largo
Un corchete

### CONFECCIÓN PASO A PASO

1. Cosemos las piezas del refuerzo y de la falda entre sí.
2. Cosemos el lado izquierdo y creamos los *godets*.
3. Insertamos la cremallera (pág. 76).
4. Unimos las demás piezas y completamos la parte principal de la falda.
5. Cosemos la cinturilla a la falda (pág. 50).
6. Hacemos el dobladillo del bajo (pág. 67).

## • Trazado de patrones

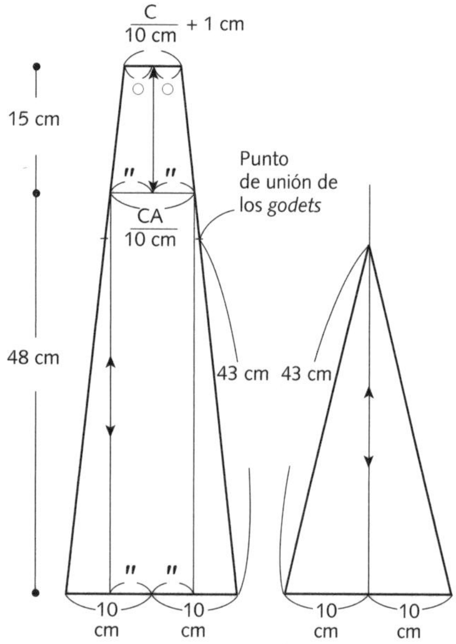


### 1. Unimos el forro y la falda.

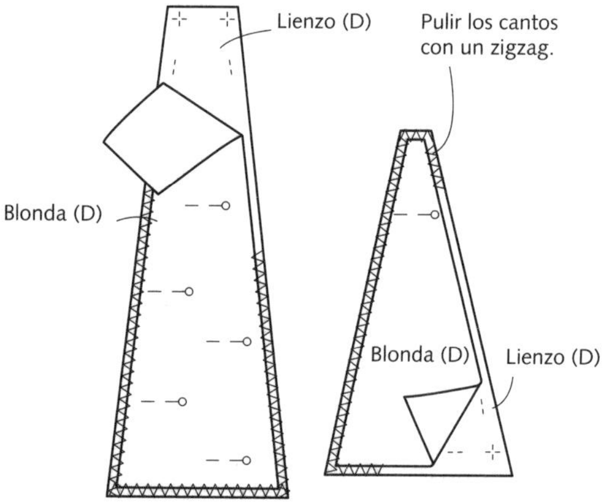


## • Colocación de los patrones para el corte

Las cifras entre paréntesis señalan el margen de costura.
Donde no se indique, dejamos 1 cm de margen.

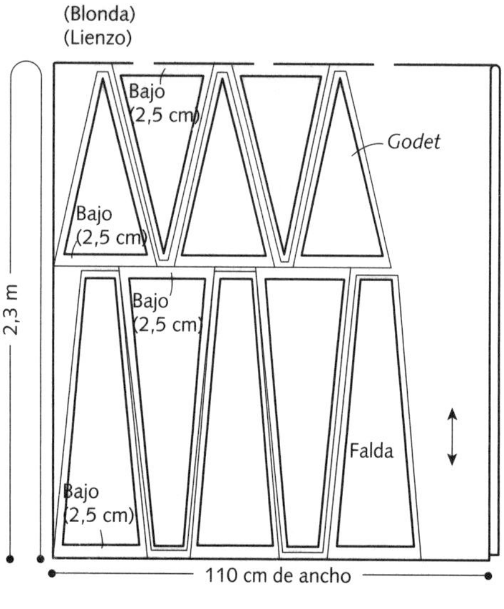


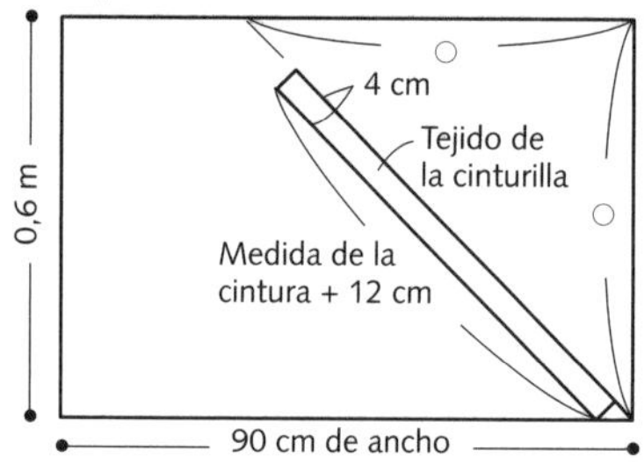

## 2. Cosemos la costura izquierda e insertamos los *godets*.

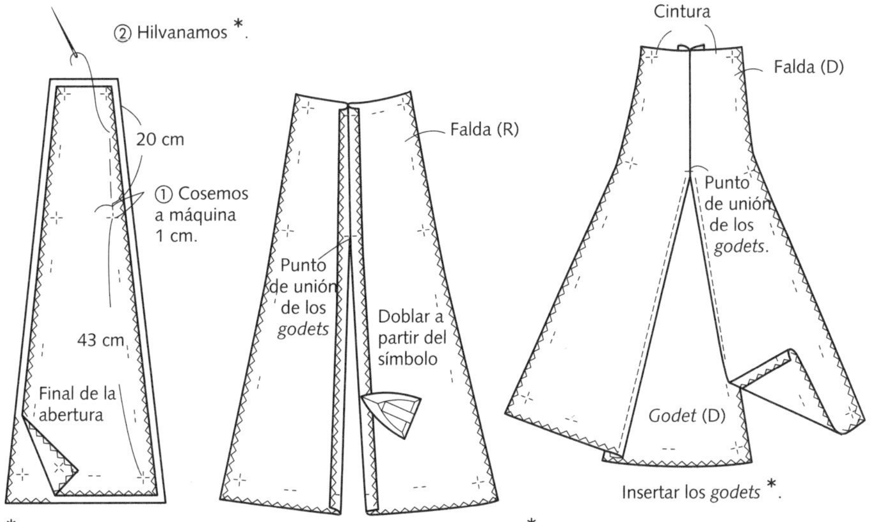


* Sin contar la costura lateral izquierda, cosemos desde el punto de unión de los *godets* hasta la cintura.

* Sin contar la costura lateral izquierda, pasamos un sobrepespunte hasta la cintura siguiendo una línea continua.

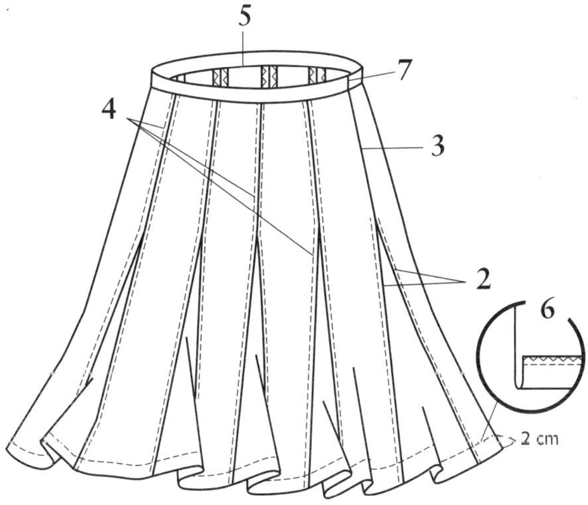

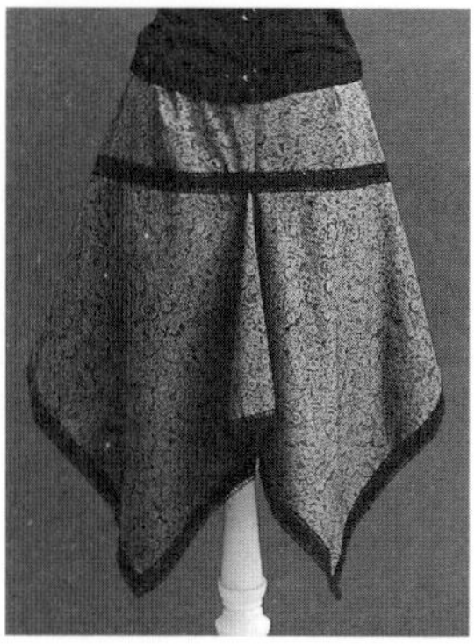

## F Falda con bajo irregular ribeteado con puntilla (foto en pág. 9)

### MATERIALES

Tejido: una pieza de linón con estampado Liberty de 110 cm de ancho × 1,1 m de largo
Entretela termoadhesiva: una tira de 2 × 18 cm
Una cremallera invisible de 22 cm de largo
Un corchete
4,5 m de puntilla de 2,5 cm de ancho

### CONFECCIÓN PASO A PASO

1. Cosemos las pinzas y las costuras laterales.
2. Insertamos la cremallera (pág. 76).
3. Cosemos la cinturilla a la falda (pág. 55).
4. Cosemos la puntilla al bajo.
5. Cosemos el canesú a la falda.
6. Cosemos la puntilla a la cadera por encima de la costura de unión de la falda y el canesú.
7. Cosemos el corchete (pág. 63).

### • Colocación de los patrones para el corte

Todos los márgenes de costura tienen 1 cm.

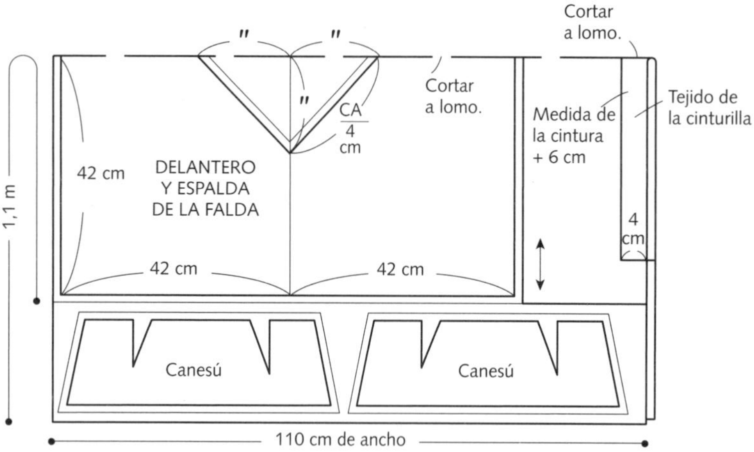


### 4. Cosemos la puntilla al bajo de la falda.

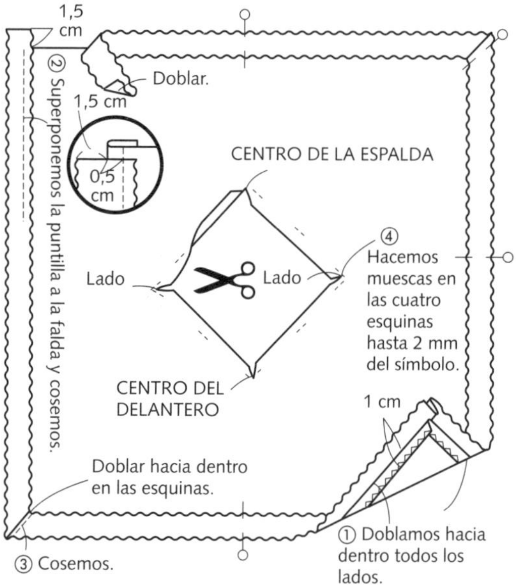


### • Trazado del patrón (canesú)

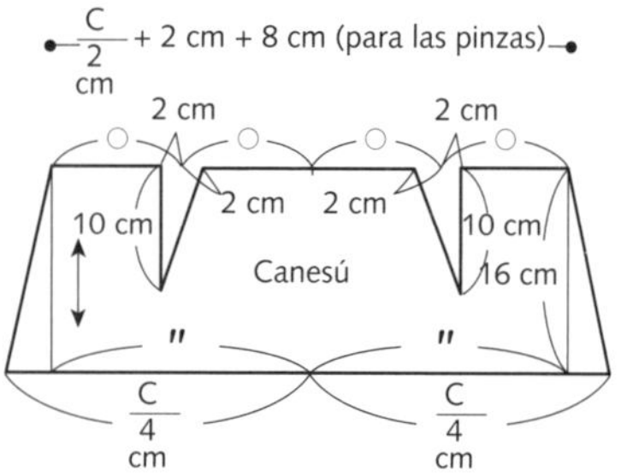


### 1. Cosemos las pinzas y los lados.

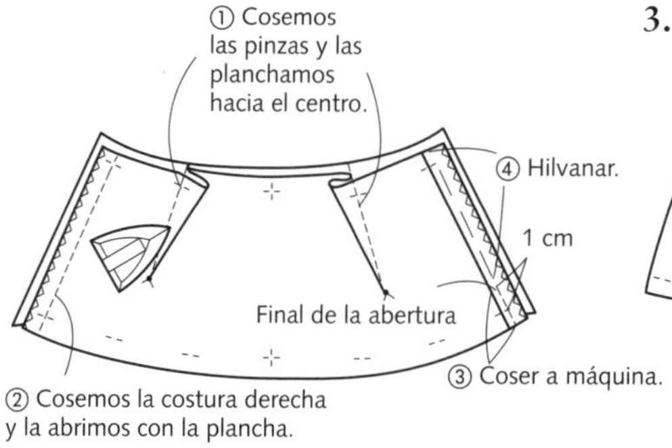


### 2. Insertamos la cremallera.

### 3. Cosemos la cinturilla.

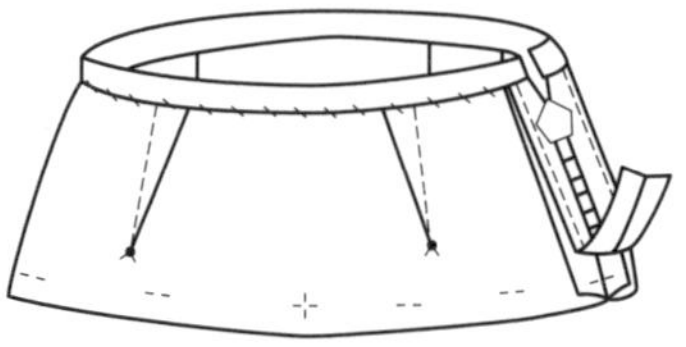

Ver instrucciones en págs. 76 y 55.

## 5. Cosemos el canesú a la falda.

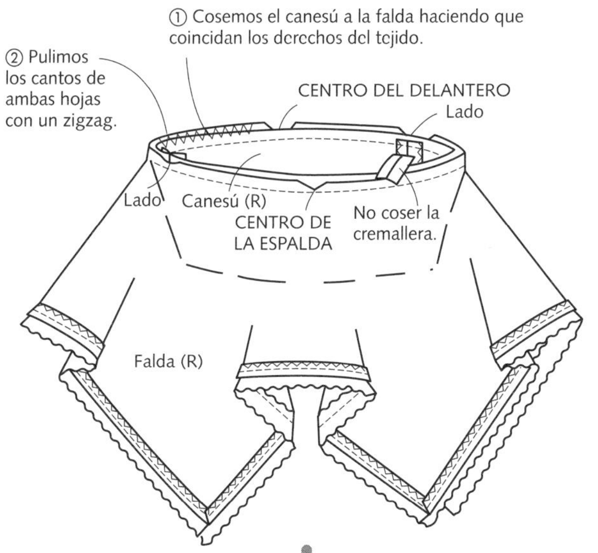
① Cosemos el canesú a la falda haciendo que coincidan los derechos del tejido.
② Pulimos los cantos de ambas hojas con un zigzag.
CENTRO DEL DELANTERO
Lado
Lado
Canesú (R)
CENTRO DE LA ESPALDA
No coser la cremallera.
Falda (R)

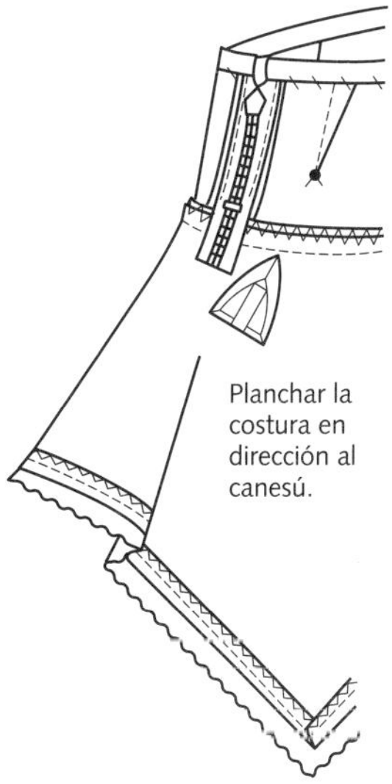
Planchar la costura en dirección al canesú.

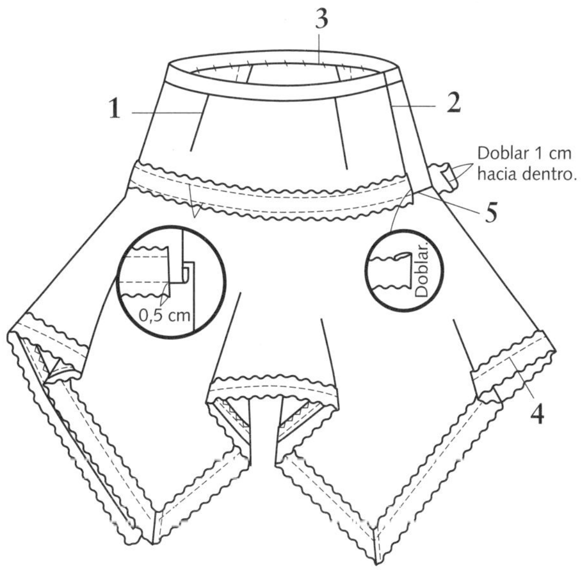
3
1
2
Doblar 1 cm hacia dentro.
5
0,5 cm
Doblar.
4

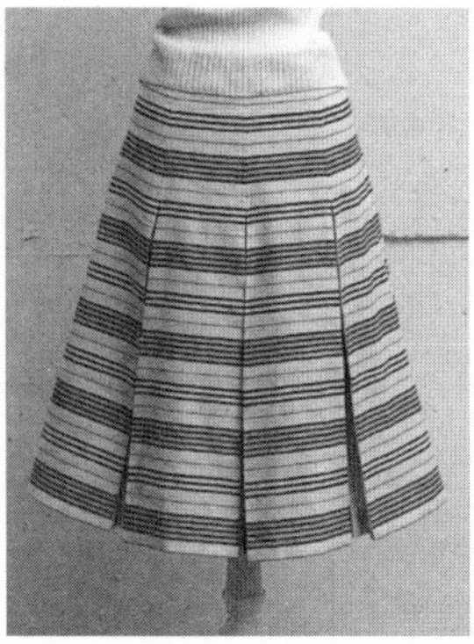

## G Falda tableada a rayas (fotos en págs. 10-11)

### MATERIALES

Tejido: una pieza de algodón-lino a rayas de 110 cm de ancho × 1,9 m de largo
Forro: una pieza de cupro de 92 cm de ancho × 1,4 m de largo
Entretela termoadhesiva: una tira de 2 cm de ancho × 23 cm de largo
Una cremallera invisible de 22 cm de largo
Un corchete

### CONFECCIÓN PASO A PASO

1. Cosemos la falda y las secciones interiores de las tablas para crear el delantero y la espalda de la prenda.
2. Cosemos la costura lateral izquierda hasta la abertura e insertamos la cremallera (pág. 76).
3. Hacemos el dobladillo del bajo.
4. Cosemos siguiendo los cantos de las tablas.
5. Sobrepespunteamos las tablas hasta el final de la abertura.
6. Cosemos el forro a la falda.
7. Cosemos la cinturilla a la falda.
8. Cosemos el corchete (pág. 63).

## • Colocación de los patrones para el corte

Las cifras entre paréntesis señalan el margen de costura. Donde no se indique, dejamos 1 cm de margen.

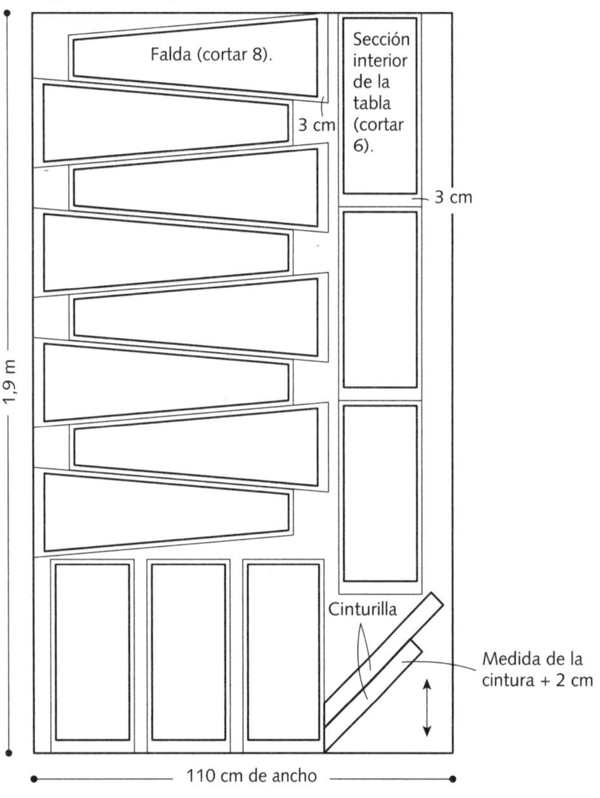


## 1. Unimos la falda con las piezas interiores de las tablas para crear el delantero y la espalda de la falda.

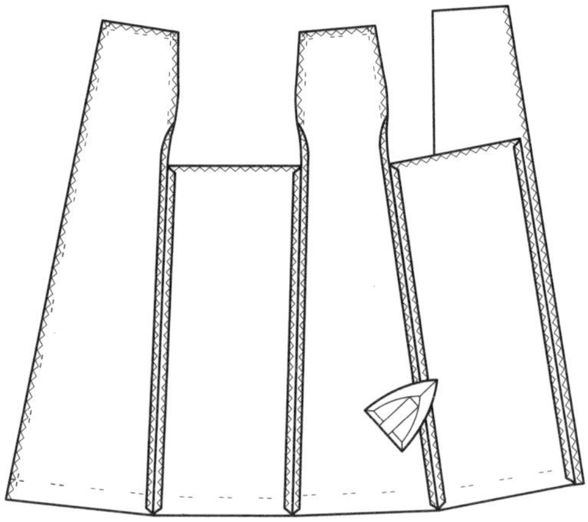

Hacemos coincidir los derechos de la falda y la pieza interior de la tabla y cosemos.

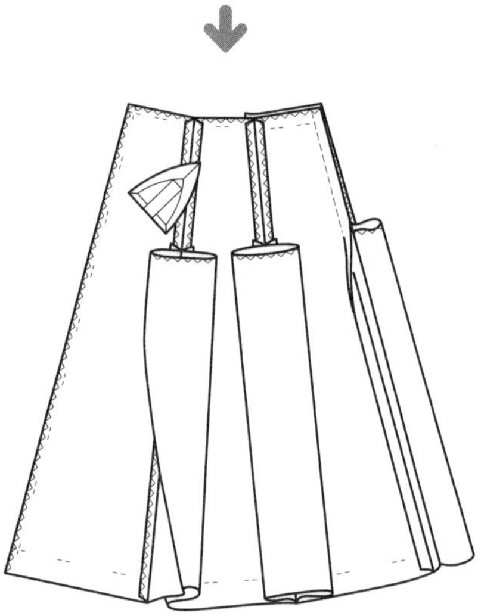

Hacemos coincidir los derechos de las piezas de la falda y cosemos hasta el final de la costura.

(Forro de la falda)

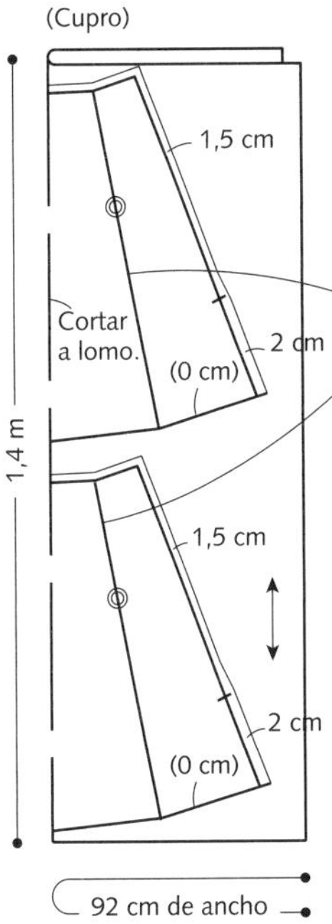


## • Trazado de patrones

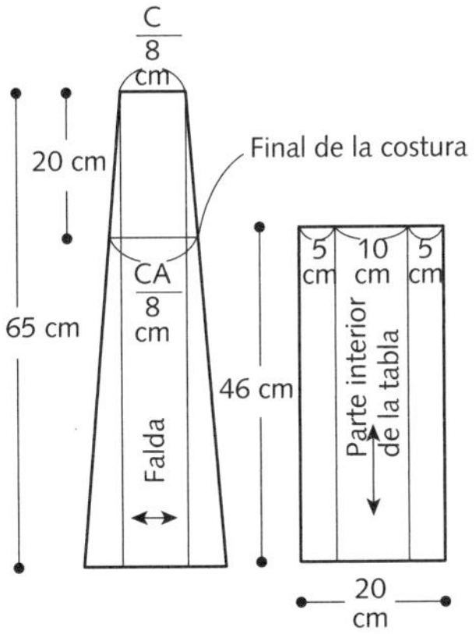


**4. Cosemos la parte superior y los laterales de las secciones interiores de las tablas.**

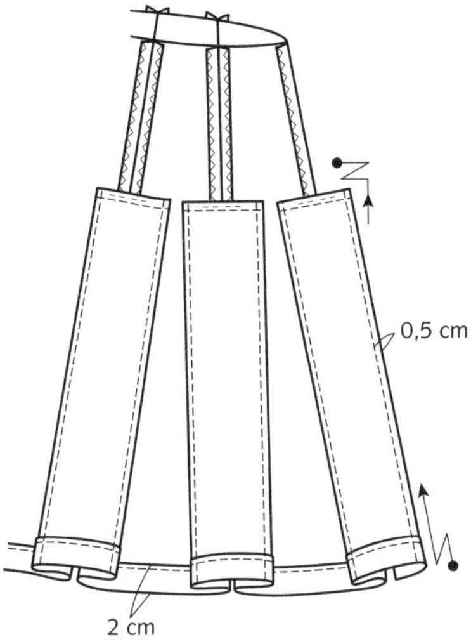


**5. Sobrepespunteamos hasta el final de la costura.**

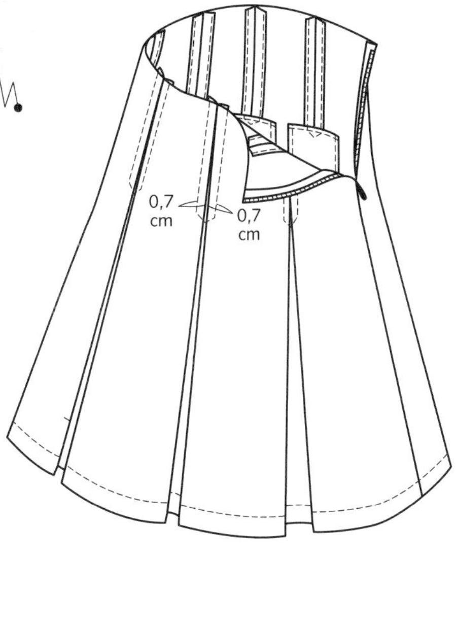

## 6. Unimos el forro a la falda.

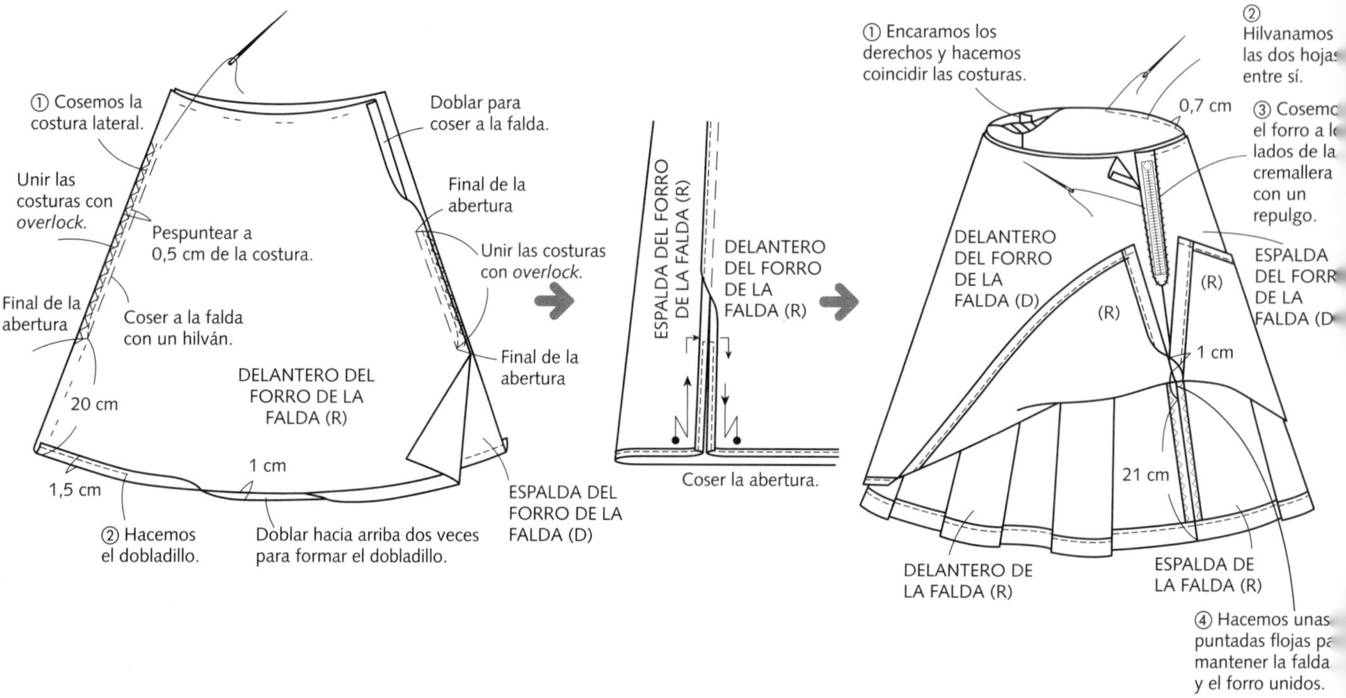


## 8. Cosemos el ribete de la cintura.

Hacemos coincidir los derechos de la falda (con el forro cosido) y el ribete de la cintura y unimos las tres hojas de tejido con una costura.

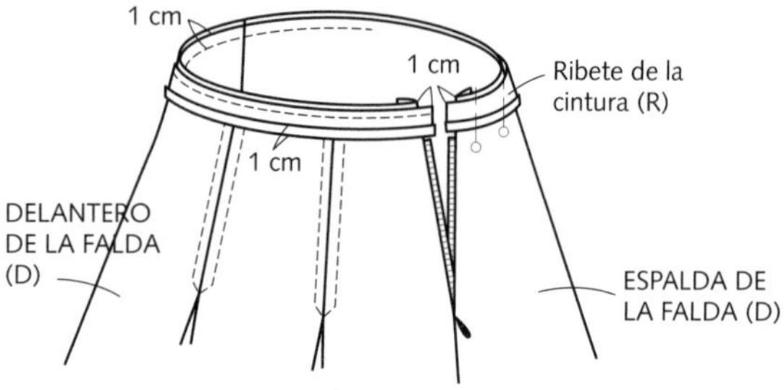


Cubrimos los márgenes de costura con el ribete y lo cosemos sobre el revés de la falda.

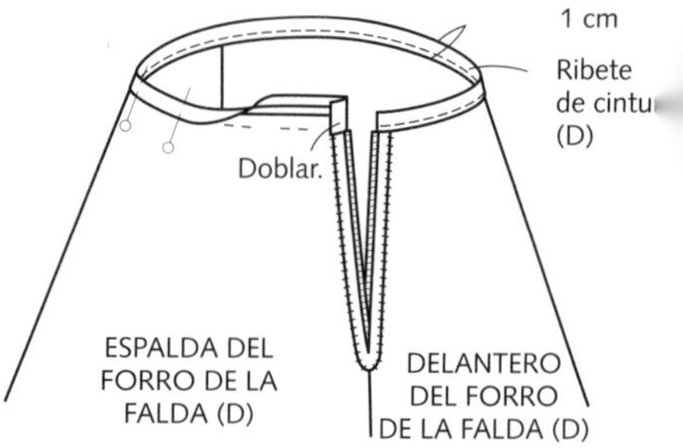

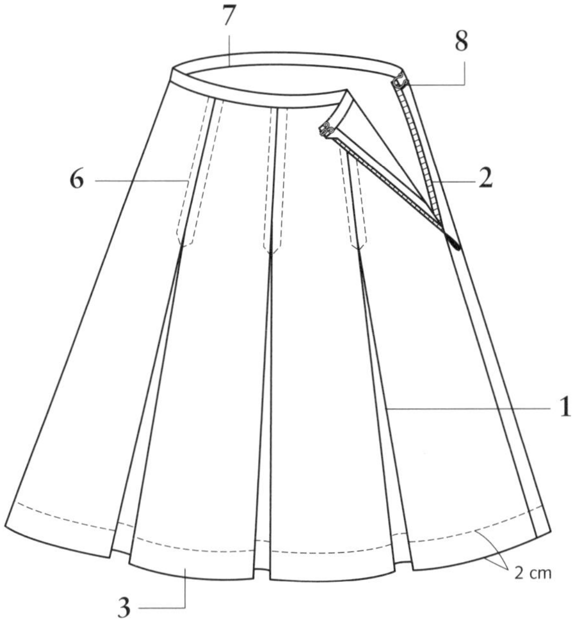


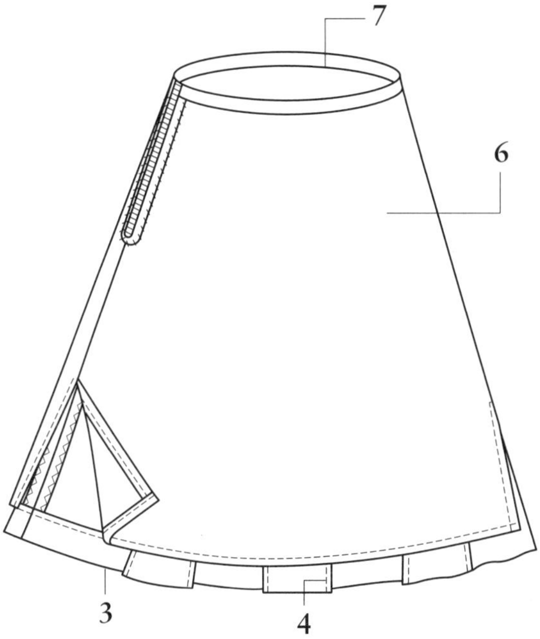


### • Preparación del tejido

Antes de empezar a cortar, examinamos el tejido para ver si tiene enganchones, agujeros o abarquillamientos que se hayan producido durante el tisaje. Las prendas confeccionadas sin una buena preparación del tejido no mantienen su forma, de ahí la importancia de este paso. Lavar el tejido antes de cortarlo previene encogimientos tras la confección de la prenda. El tipo de preparación dependerá del tejido seleccionado; por tanto, debemos saber qué tratamiento requiere ese tejido. Hacemos una prueba con un retal antes de seguir adelante.

### • Cómo enderezar el recto hilo del tejido

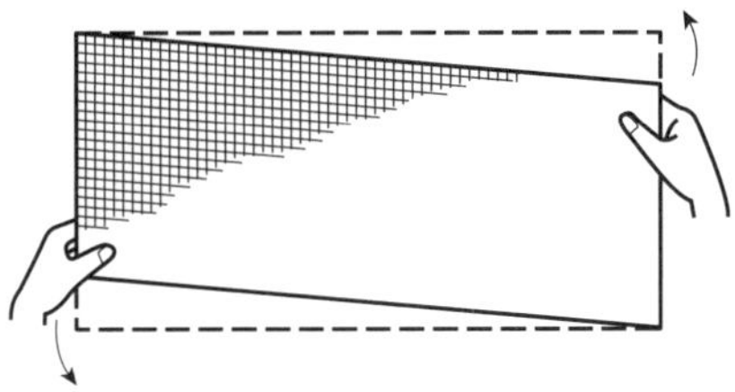

**Tiramos del tejido en el sentido de las flechas para enderezar los hilos de la trama (algodones, linos).** Metemos el tejido en una bolsa para lavar lencería y le damos un aclarado en la lavadora o lo dejamos en remojo en un barreño con agua durante una hora. Lo escurrimos sin retorcer en exceso y lo dejamos secar a la sombra antes de plancharlo por el revés, con la plancha en modo vapor.

### • Cómo planchar el tejido

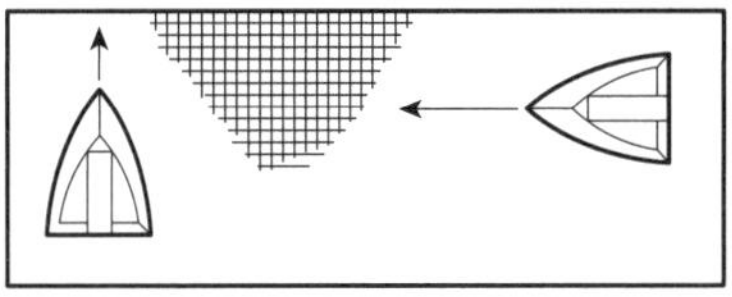

**Planchamos el tejido siguiendo el sentido de los hilos de la urdimbre y la trama (sedas, tejidos sintéticos).** Para no quitar lustre al tejido o evitar que pierda su caída, lo planchamos por el revés sin vapor. Si es necesario, ponemos un paño entre la plancha y el tejido.

## Ⓗ Falda de volantes escalonados (foto en pág. 12)

### MATERIALES

Tejido: (para la falda) una pieza de chintz de linón resistente y lavable de 110 cm de ancho × 1,1 m de largo
(Para los volantes) una pieza de tejido de malla para sudadera de 115 cm de ancho × 1,2 m de largo
Para la cinturilla: cinta elástica de 2,5 cm de ancho × (tu medida de cintura × 0,9 + 2 cm)
Hilo de bordar de color azul

### CONFECCIÓN PASO A PASO

1. Confeccionamos los volantes.
2. Cosemos las costuras laterales de las partes superior e inferior de la falda.
3. Confeccionamos la jareta de la cintura.
4. Cosemos los volantes a la falda.
5. Unimos las secciones superior e inferior de la falda.
6. Insertamos la cinta elástica en la jareta.

## 1. Confeccionamos los volantes.

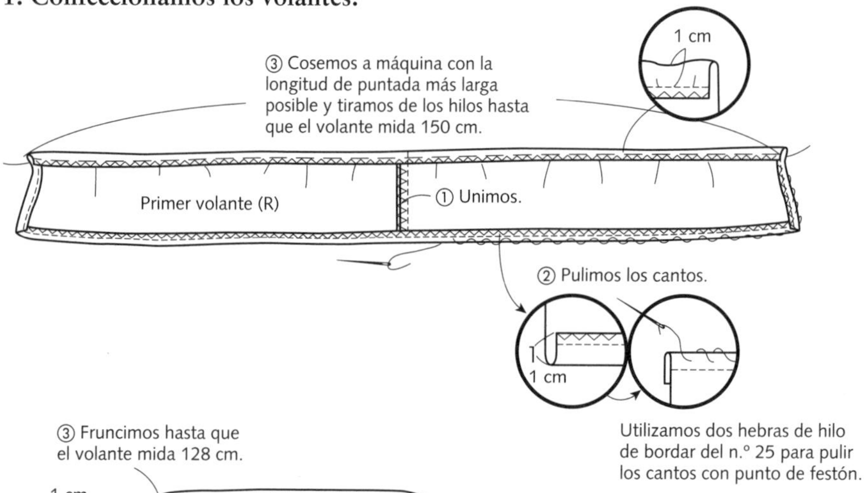

1 cm
③ Cosemos a máquina con la longitud de puntada más larga posible y tiramos de los hilos hasta que el volante mida 150 cm.
Primer volante (R)
① Unimos.
② Pulimos los cantos.
1 cm
Utilizamos dos hebras de hilo de bordar del n.° 25 para pulir los cantos con punto de festón.

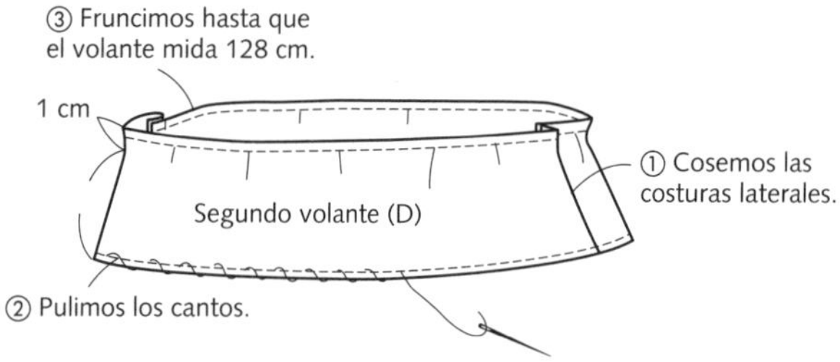

③ Fruncimos hasta que el volante mida 128 cm.
1 cm
Segundo volante (D)
① Cosemos las costuras laterales.
② Pulimos los cantos.

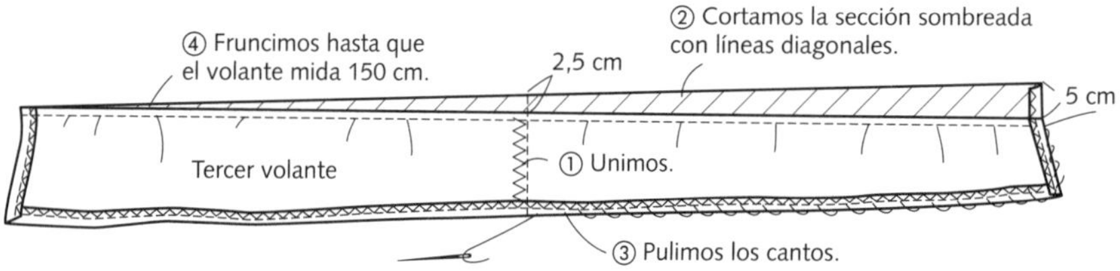

② Cortamos la sección sombreada con líneas diagonales.
④ Fruncimos hasta que el volante mida 150 cm.
2,5 cm
5 cm
Tercer volante
① Unimos.
③ Pulimos los cantos.

## 4. Cosemos los volantes a la falda.

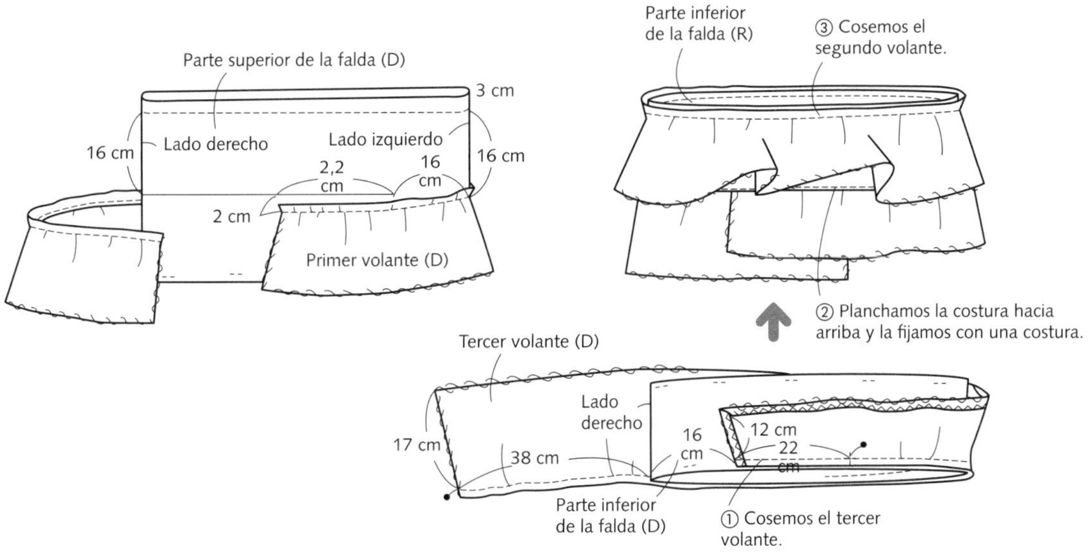


- **Trazado de patrones y colocación de las piezas para el corte**
  Las cifras entre paréntesis señalan el margen de costura. Donde no se indique, dejamos 1 cm de margen.

(Linón)

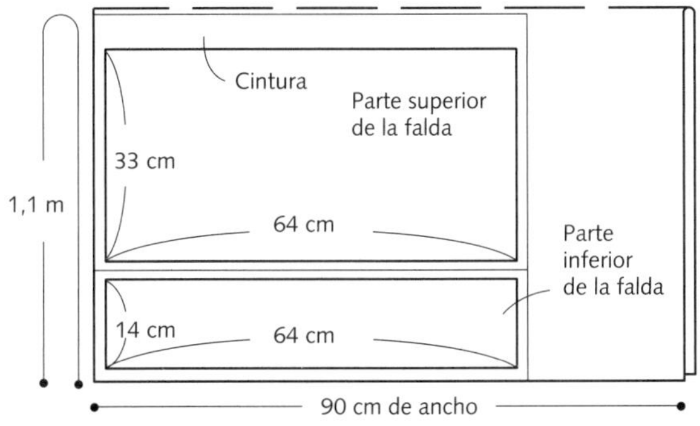


(Tejido de malla)

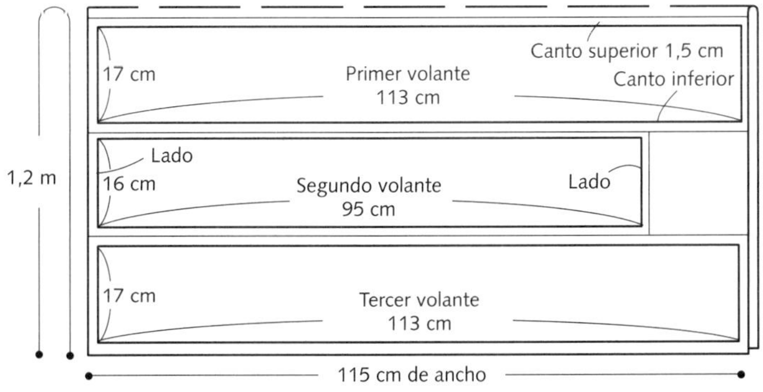


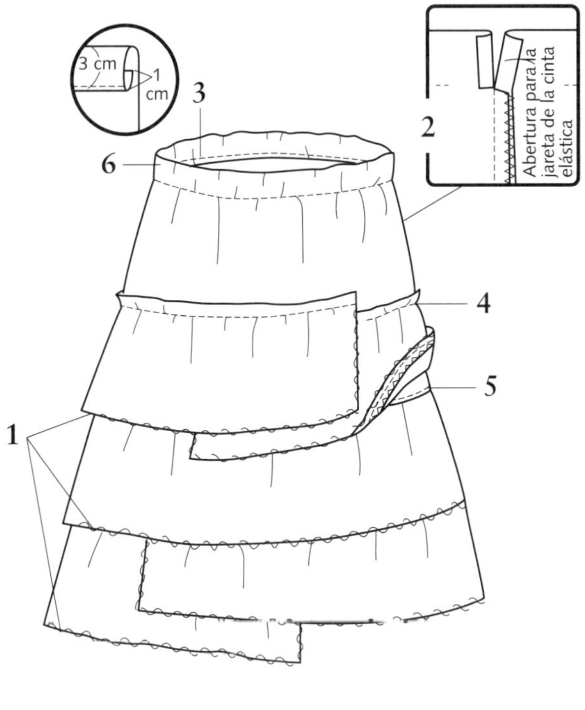

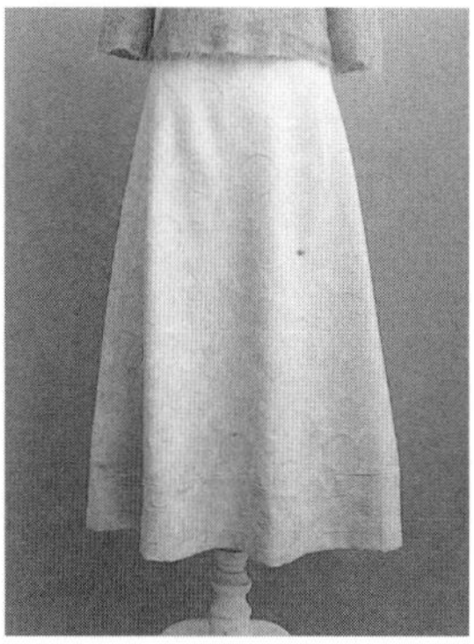

## ❶ Falda larga de Jacquard estilo "caracola" con pieza recta en el bajo (foto en pág. 13)

### MATERIALES

Tejido: una pieza de Jacquard de 142 cm de ancho × 1,7 m de largo *

Entretela termoadhesiva: una tira de 2 cm de ancho × 21 cm de largo

Una cremallera invisible de 22 cm de largo

Un corchete

* Para medidas de cadera de hasta 96 cm se necesitan 1,7 m de tejido. Para medidas de cadera superiores a 96 cm, multiplicamos la anchura del bajo por 5 y añadimos 2 cm para calcular la longitud de tejido requerida.

### CONFECCIÓN PASO A PASO

1. Cosemos las cinco piezas.
2. Cosemos el lado izquierdo hasta la abertura e insertamos la cremallera (pág. 76).
3. Abrimos las costuras del lado izquierdo y cosemos los márgenes a ambos lados de la costura.
4. Cosemos el ribete de la cintura a la falda.
5. Hacemos el dobladillo del bajo y cosemos la pieza del bajo.
6. Cosemos el corchete (pág. 63).

## • Trazado de patrones

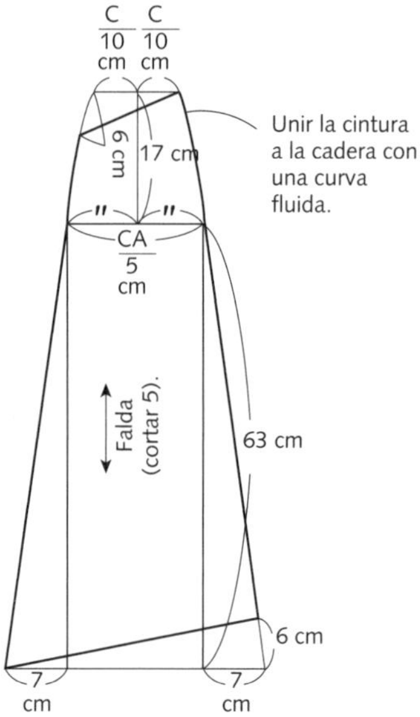


## 1. Unimos las 5 piezas

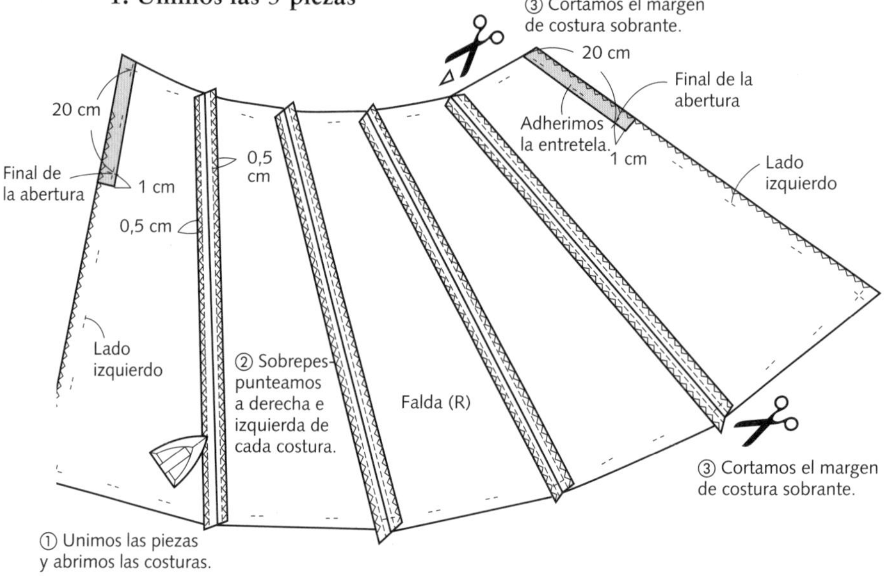


## • Colocación de los patrones para el corte

Las cifras entre paréntesis señalan el margen de costura. Donde no se indique, dejamos 1 cm de margen.

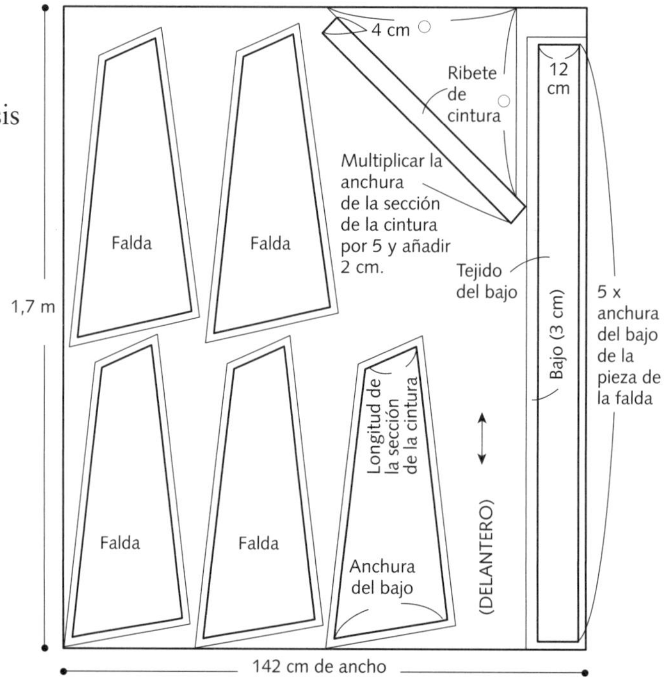

## 4. Cosemos el ribete de la cintura a la falda.

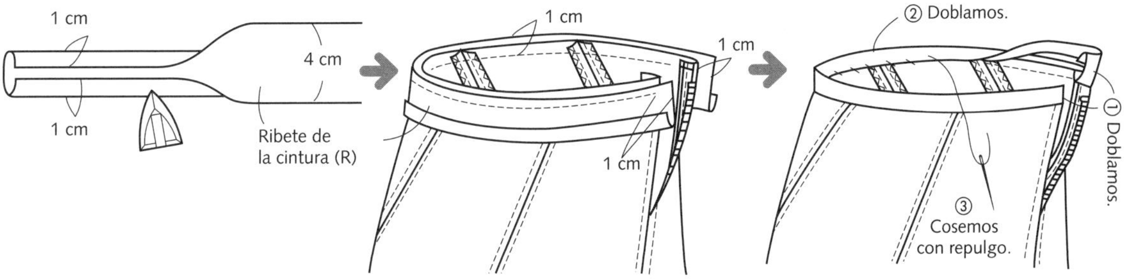


Coser el ribete a la cintura de la falda con los derechos de ambos encarados.

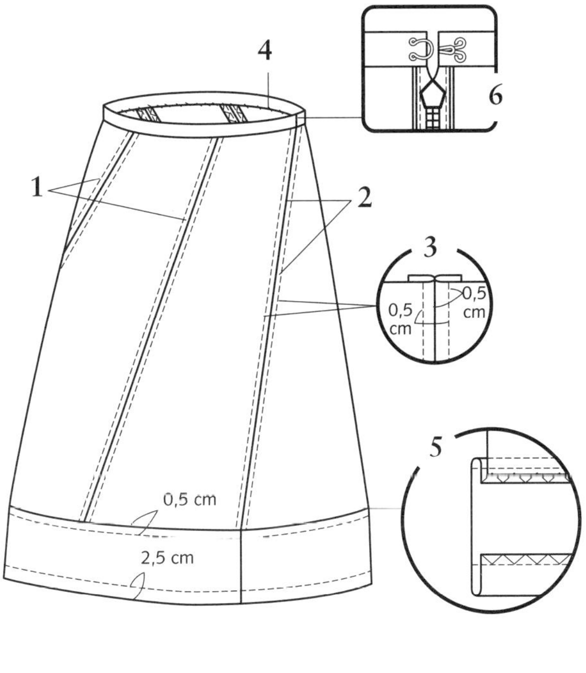

## J Falda con fruncido irregular (fotos en págs. 14-15)

### MATERIALES

Tejido: una pieza de encaje de algodón de 102 cm de ancho × 2,1 cm de largo

Entretela termoadhesiva: una tira de 2 cm de ancho × 7 cm de largo

Dos tiras de cinta elástica de 0,8 cm de ancho × (tu medida de cintura × 0,9 + 2 cm)

### CONFECCIÓN PASO A PASO

1. Unimos entre sí las secciones de la falda.
2. Cosemos la jareta a la cintura.
3. Creamos el cordón.
4. Insertamos la cinta elástica y el cordón en la cintura.
5. Hacemos el dobladillo del bajo.

### • Colocación de los patrones para el corte

Las cifras entre paréntesis señalan el margen de costura. Donde no se indique, dejamos 1 cm de margen.

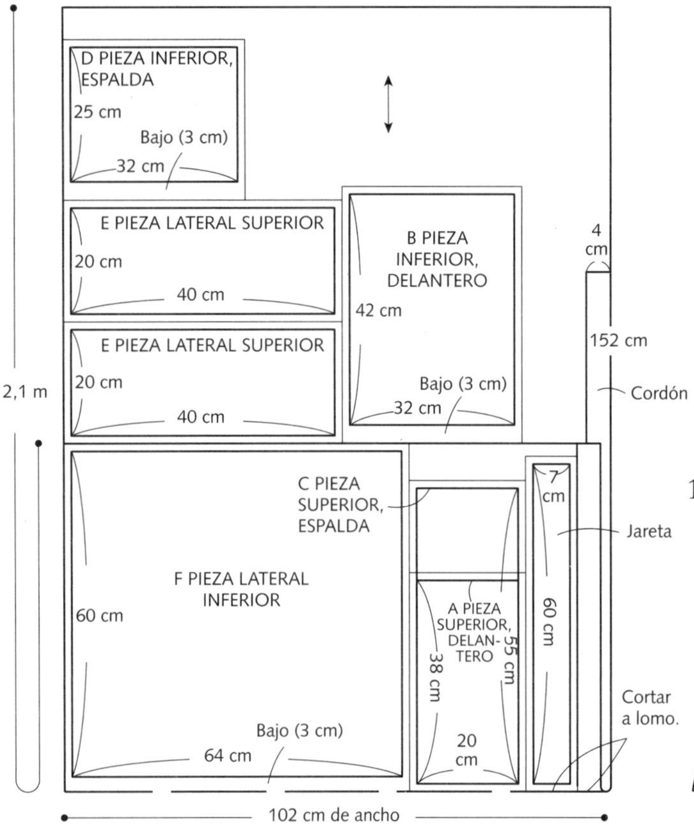


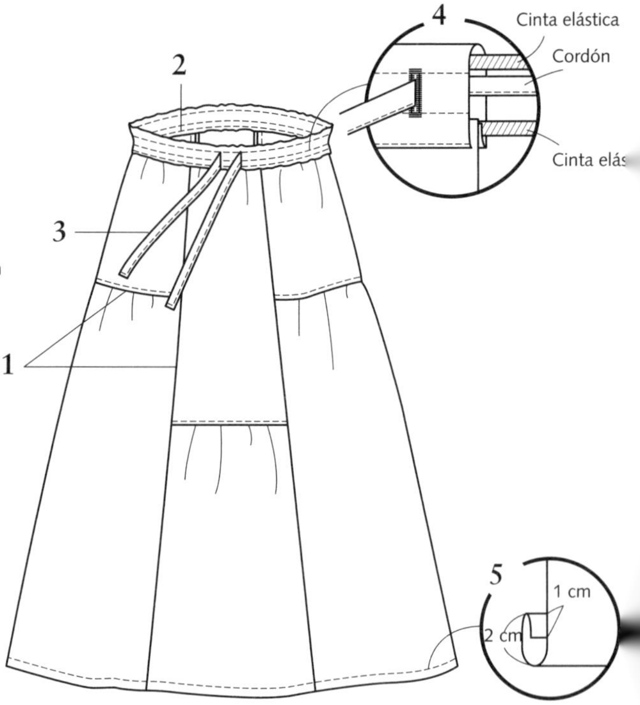

## 1. Unimos las piezas entre sí.

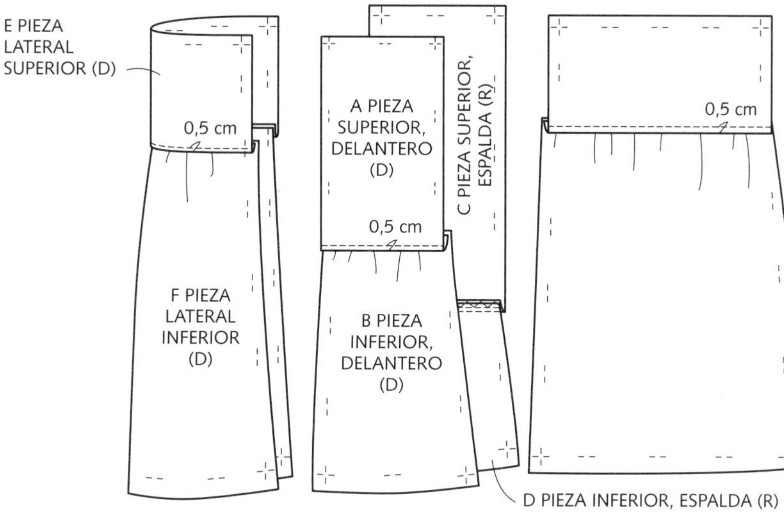


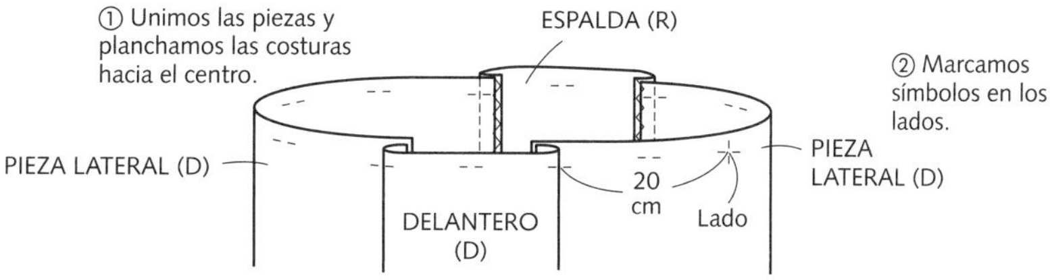


## 2 Cosemos la jareta a la falda.

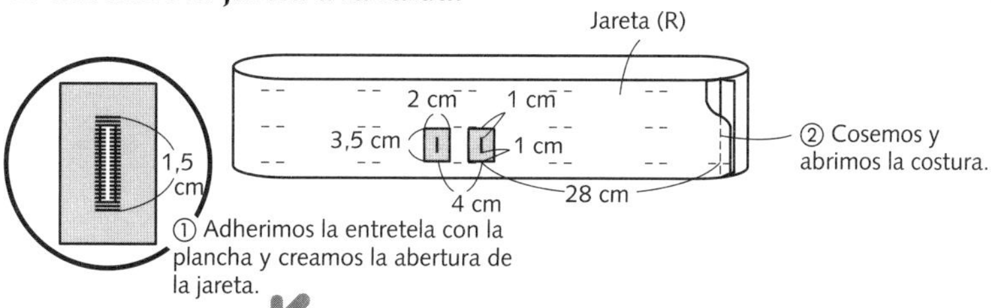


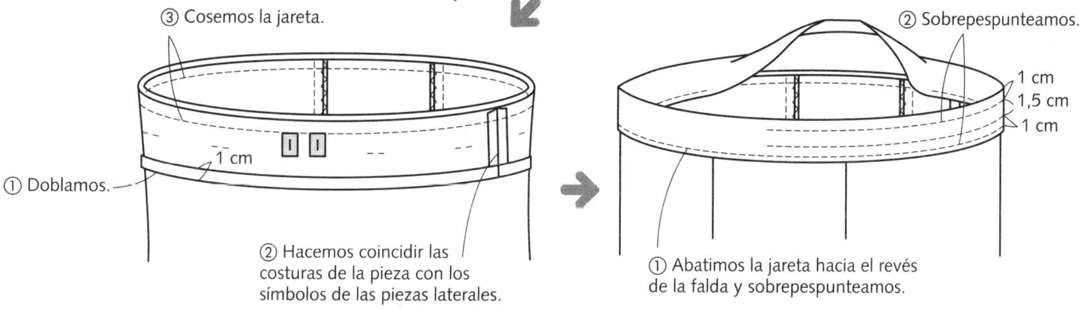


## 3. Confeccionamos el cordón.

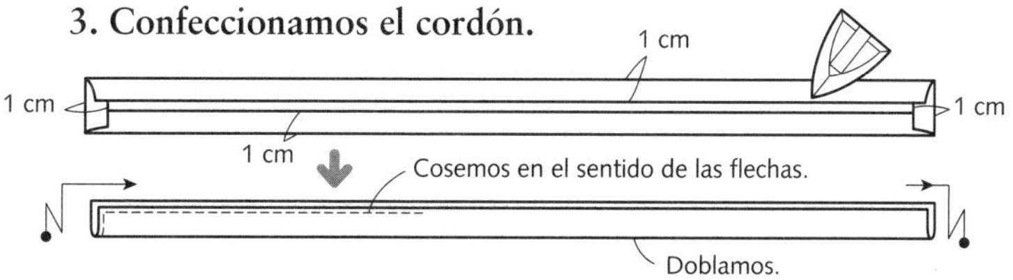

## ⓚ Falda pareo ribeteada con volante (foto en pág. 16)

### MATERIALES

Tejido: una pieza de 112 cm de ancho × 1,5 cm de largo

### CONFECCIÓN PASO A PASO

1. Confeccionamos el volante.
2. Cosemos el volante a la falda.
3. Confeccionamos la tira de la cintura.
4. Completamos la sección de la cintura.

### • Colocación de los patrones para el corte

Las cifras entre paréntesis señalan el margen de costura. Donde no se indique, dejamos 1 cm de margen.

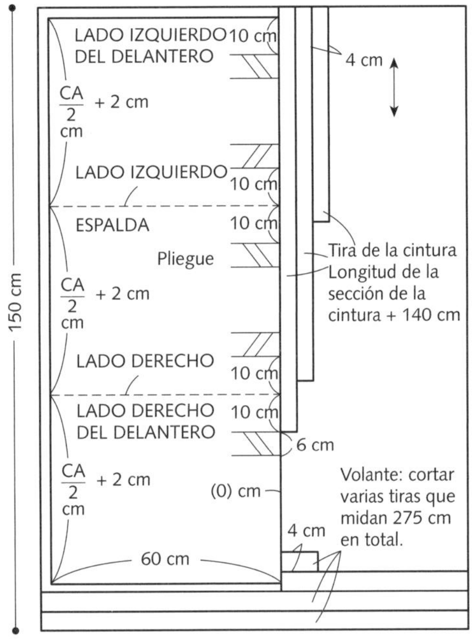


### 1. Confeccionamos el volante.

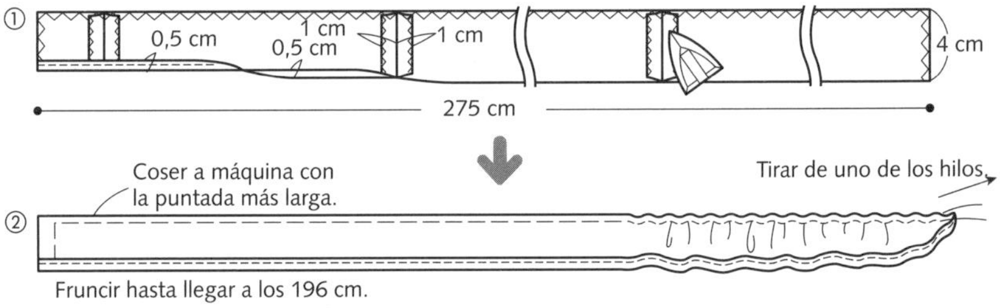


### 2. Cosemos el volante a la falda.

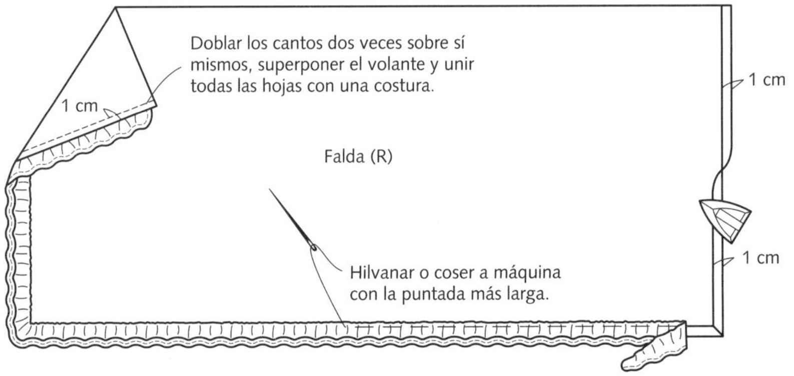

## 3. Confeccionamos la tira de la cintura.

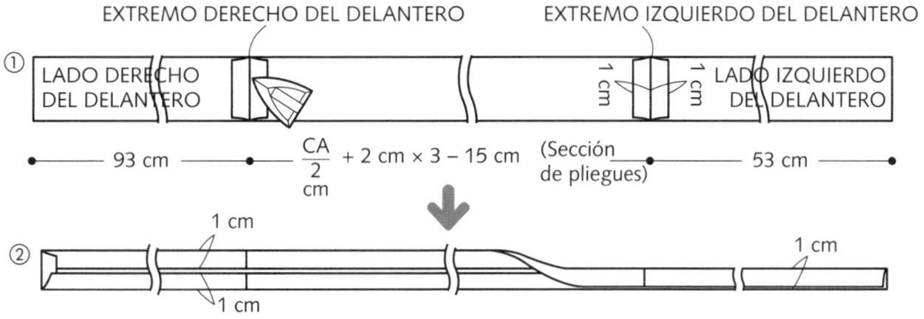


## 4. Rematamos la cintura.

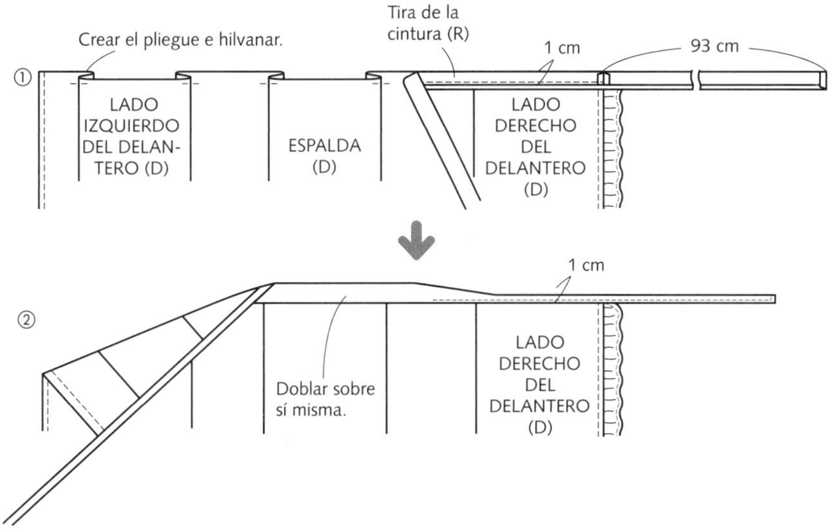


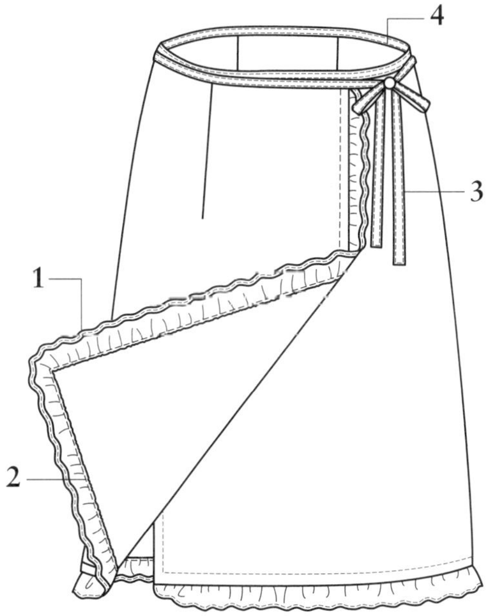

## Ⓛ Falda trapezoidal con adorno lineal (foto en pág. 17)

### MATERIALES

Tejido: una pieza de 130 cm de ancho × 3 m de largo
Entretela termoadhesiva: una tira de 6 cm de ancho × 80 cm de largo
Una cremallera invisible de 22 cm de largo
Un corchete
3 m de cinta *grosgrain* de 0,6 cm de ancho

### CONFECCIÓN PASO A PASO

1. Unimos cinco piezas para formar el delantero. Repetimos el proceso con la espalda y aplicamos la cinta *grosgrain*.
2. Cosemos el lado izquierdo hasta la abertura e insertamos la cremallera (pág. 76).
3. Cosemos el lado derecho y hacemos el dobladillo del bajo.
4. Pespunteamos los pliegues por el interior y el exterior de la falda.
5. Cosemos el ribete de la cintura a la falda (pág. 50).
6. Cosemos el corchete (pág. 63).

### • Trazado de patrones

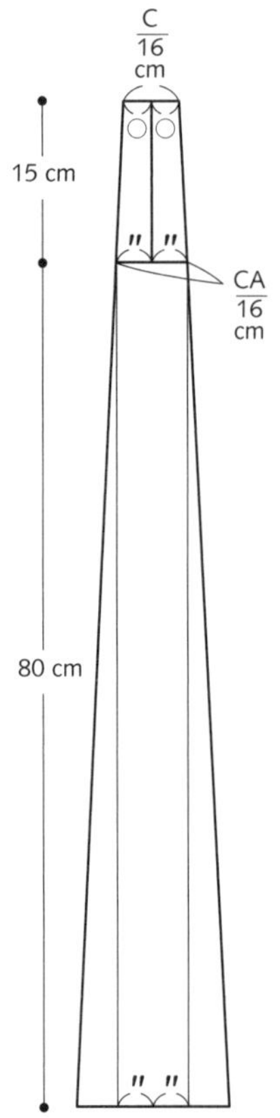


### • Colocación de los patrones para el corte

Cortar el tejido siguiendo las medidas del esquema:

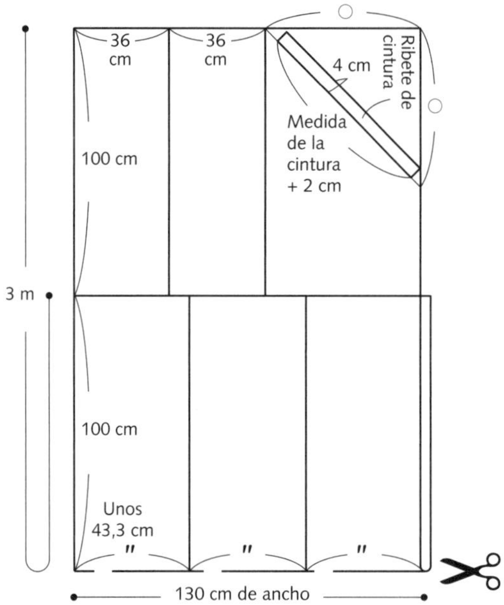

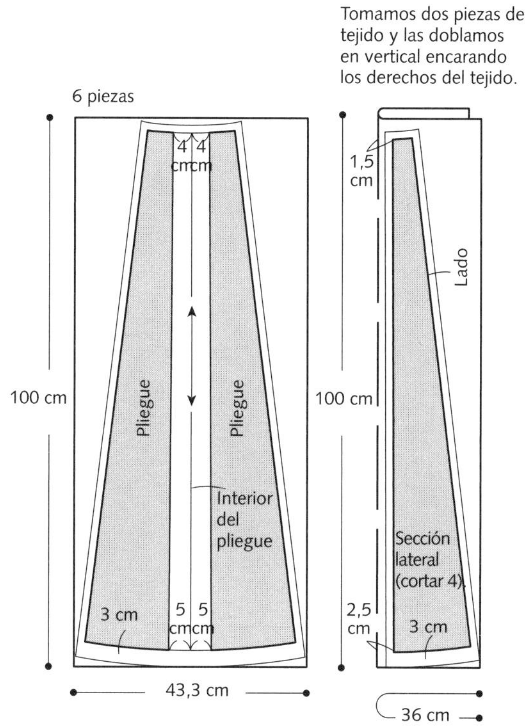


Tomamos como referencia el esquema para colocar las piezas del patrón sobre el tejido y cortar 6 secciones de pliegues y 4 secciones laterales.

## 1. Unimos 5 piezas para formar el delantero y 5 para formar la espalda, y aplicamos la cinta *grosgrain*.

① Unimos 3 secciones de pliegues para el delantero y 3 para la espalda.
② Cosemos las secciones laterales a izquierda y derecha del delantero y de la espalda.
③ Cosemos la cinta *grosgrain* pasando un pespunte sobre sus cantos.
④ Adherimos la entretela con la plancha allí donde se montará la cremallera.

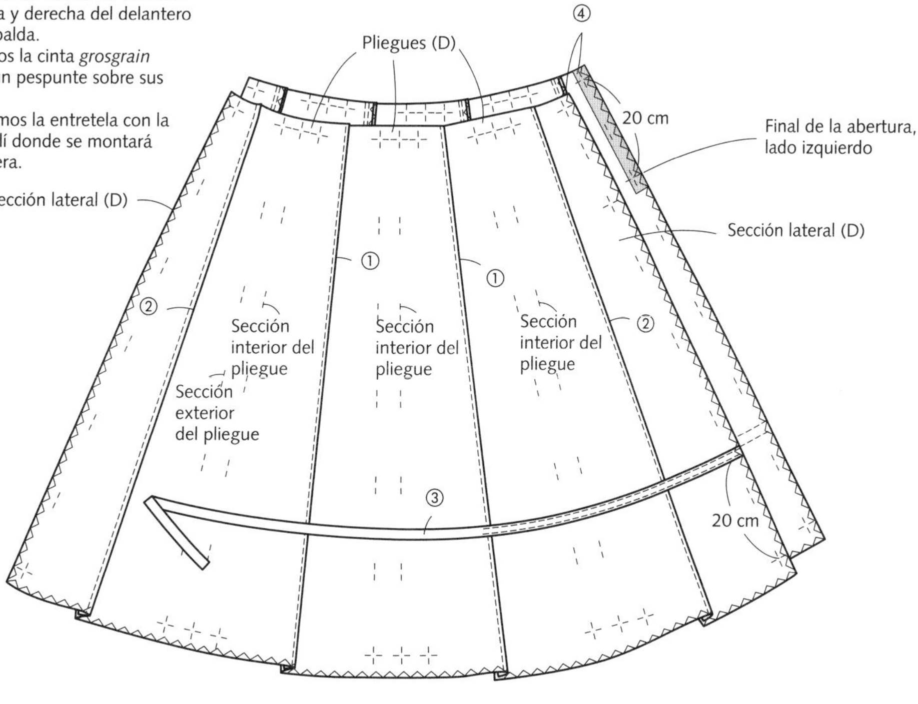

## 4. Pespunteamos los cantos de los pliegues, tanto interiores como exteriores.

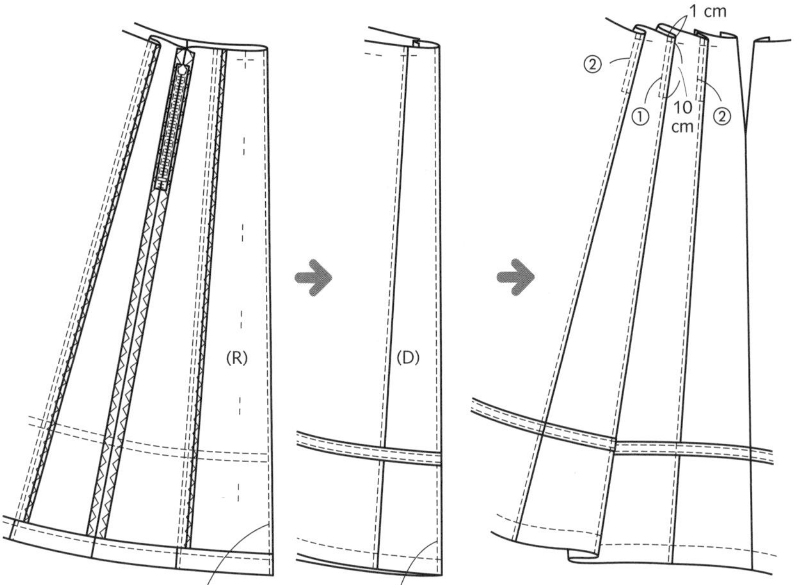


Doblar los pliegues interiores con el canto hacia fuera y pespuntear.

Doblar los pliegues exteriores con el canto hacia fuera y pespuntear.

① Desde el canto de la cinturilla, pespunteamos 10 cm hacia abajo siguiendo los pliegues exteriores.
② Hacemos una segunda hilera de pespuntes paralela a la primera.

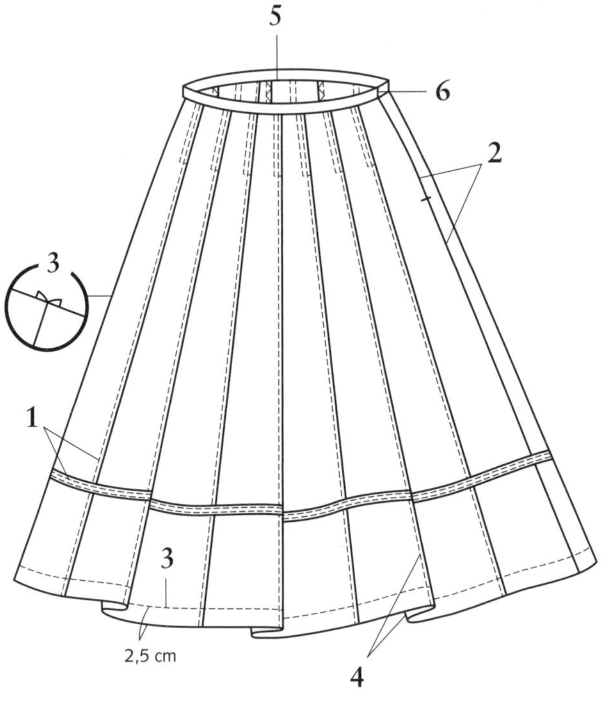

## • Cómo coser corchetes planos para falda

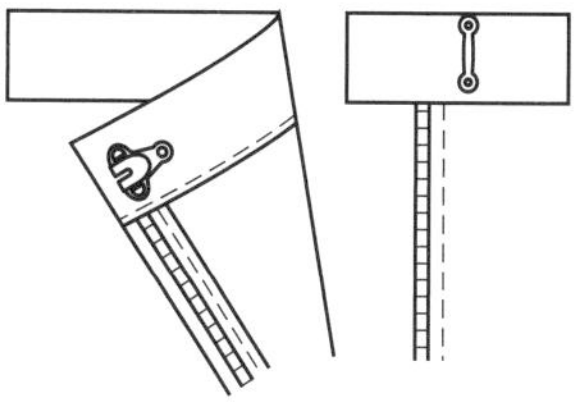

① Hacemos un nudo en el hilo y damos un punto atrás en el tejido en la posición del gancho.

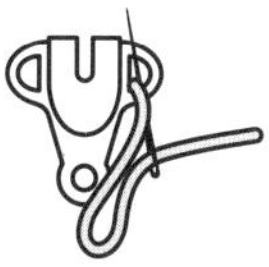

② Insertamos la aguja por el agujero del gancho de abajo arriba, la clavamos en el tejido y volvemos a meterla de abajo arriba por el agujero del gancho.

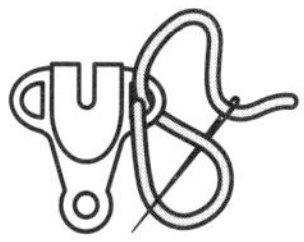

③ Pasamos la aguja por el bucle que forma el hilo.

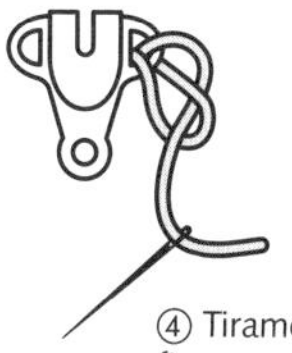

④ Tiramos firmemente del hilo.

⑤ Repetimos varias veces los pasos 1 a 4, trabajando en sentido contrario a las agujas del reloj.

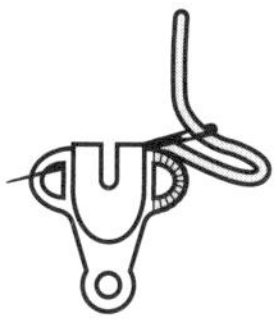

⑥ Cuando lleguemos a la parte superior del gancho, clavamos la aguja en el tejido y la pasamos por el siguiente agujero, de abajo arriba.

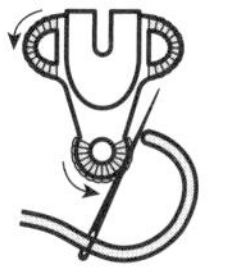

⑦ Damos las últimas puntadas y hacemos un nudo para rematar.

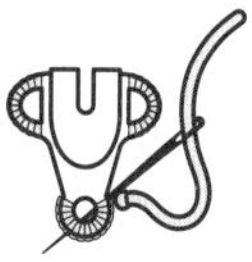

⑧ Clavamos la aguja por debajo del gancho y cortamos el hilo.

## • Cómo coser un corchete

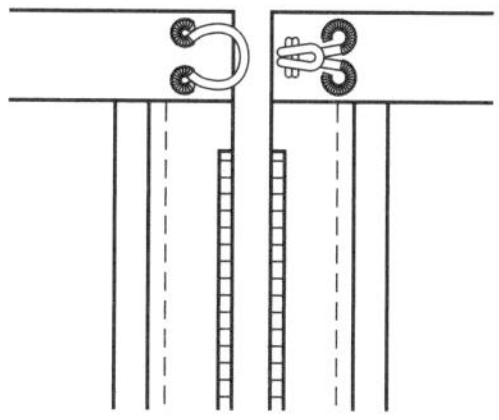

Cosemos el corchete como muestra la ilustración.

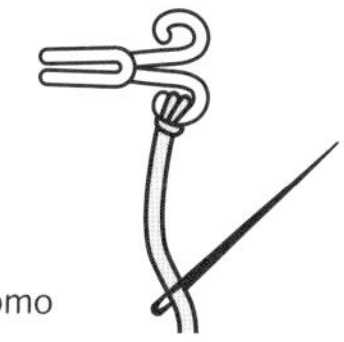

Pasamos la aguja sobre el gancho y a través del tejido.

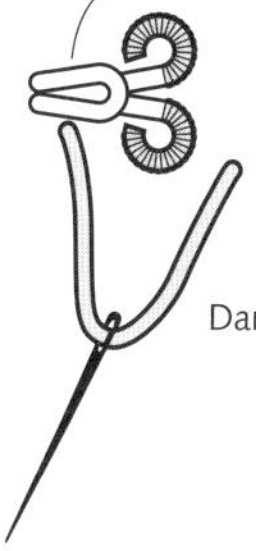

Damos 2 o 3 puntadas.

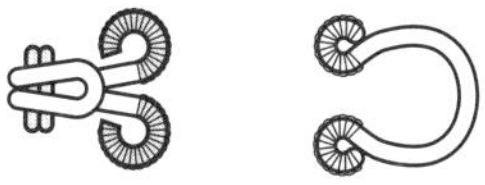

## • Cómo coser botones

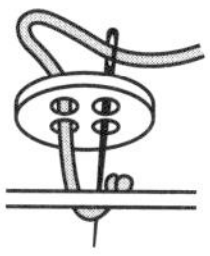

① Usamos el hilo para crear una espiga de la longitud del grosor del tejido que deba atravesar el botón.

② Repetimos el proceso 2 o 3 veces.

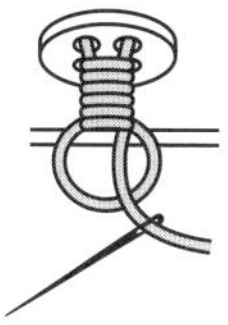

③ Enrollamos el hilo alrededor de la espiga y tiramos de él.

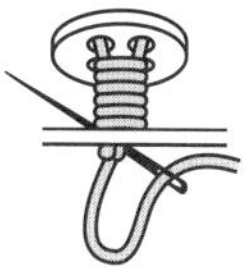

④ Anudamos el hilo por el revés del tejido. Pasamos la aguja hacia el derecho y cortamos el hilo.

## • Cómo confeccionar ojales

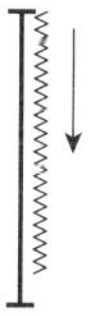

① Marcamos la posición del ojal (longitud del ojal = diámetro del botón + grosor del botón) y hacemos un zigzag estrecho, de 0,2 cm de ancho.

② Hacemos un atacado en la posición "0" dando 5 puntadas de 0,4 cm de ancho.

③ Cosemos otra hilera de zigzag como la del paso 1.

④ Terminamos el ojal repitiendo el paso 2.

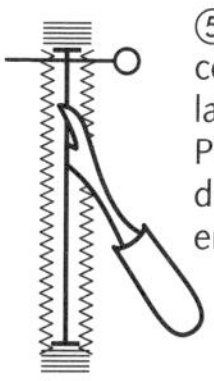

⑤ Con un abreojales, cortamos el tejido entre las dos hileras de zigzag. Para no cortar los extremos del ojal, clavamos un alfiler en el tejido.

## Ⓜ Falda vaquera con bolsillo de plastrón (foto en pág. 18)

### MATERIALES

Tejido: una pieza de *denim* de 227 gramos de 145 cm de ancho × 1,2 m de largo
Entretela termoadhesiva: una pieza de 50 cm de ancho × 30 cm de largo
Una cremallera invisible de 22 cm de largo
Un corchete

### CONFECCIÓN PASO A PASO

1. Cosemos las pinzas.
2. Cosemos las piezas de la sección derecha del delantero.
3. Cosemos el centro de la espalda.
4. Cosemos los bolsillos a la falda.
5. Cosemos el lado izquierdo hasta la abertura e insertamos la cremallera (pág. 76).
6. Cosemos el lado izquierdo.
7. Cosemos el pulido a la cintura.
8. Hacemos el dobladillo del bajo.
9. Cosemos el corchete a la falda (pág. 63).

### • Trazado de patrones

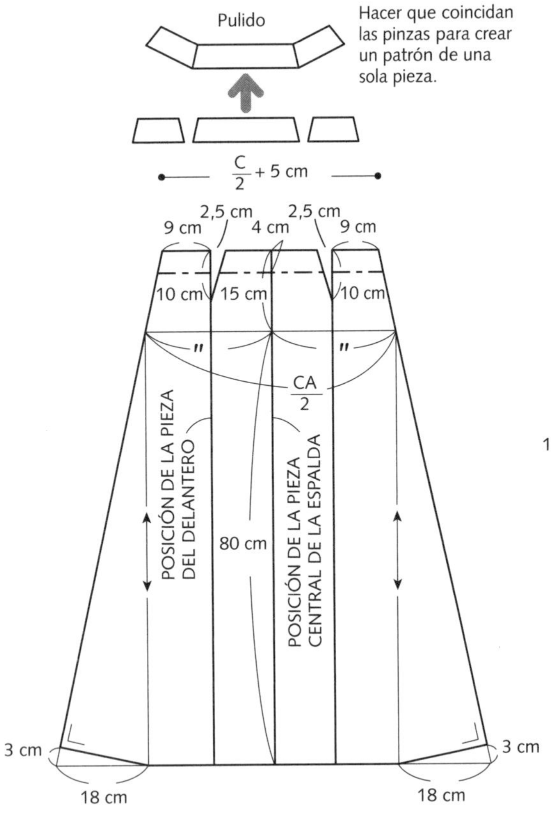


### • Colocación de los patrones para el corte

Las cifras entre paréntesis señalan el margen de costura.
Donde no se indique, dejamos 1 cm de margen.

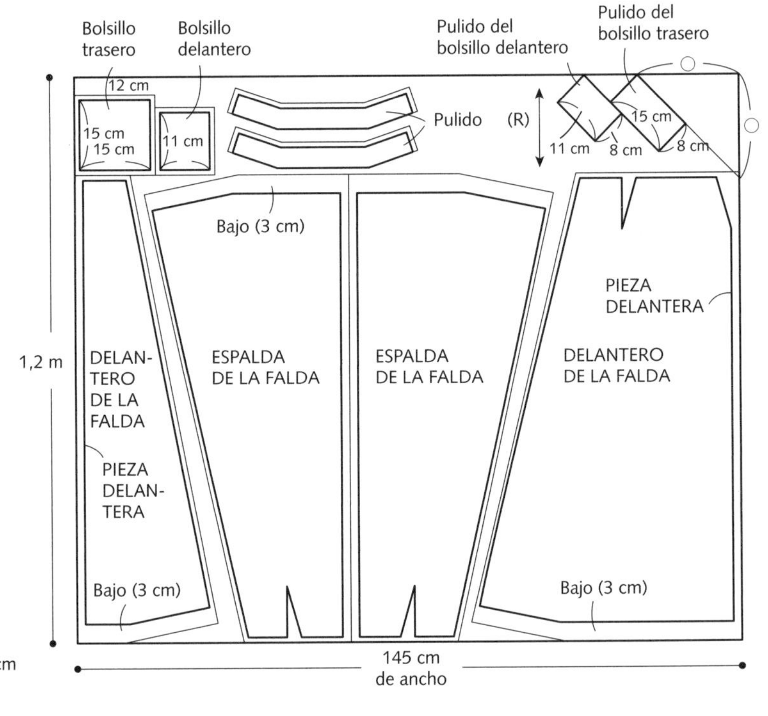

## 1. Cosemos las pinzas.

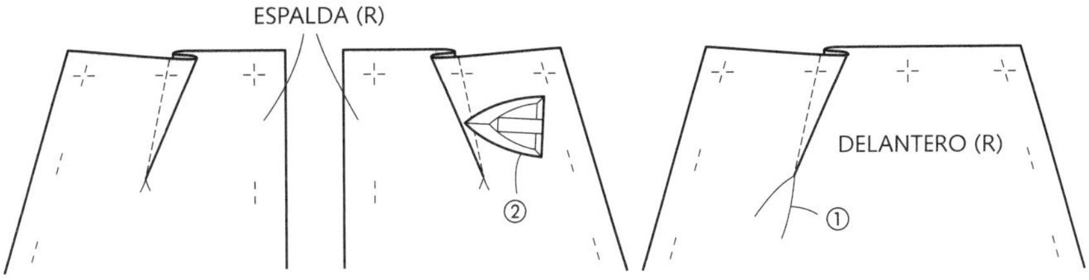


① Cosemos las pinzas, anudamos el extremo del hilo y cortamos el sobrante.

② Planchamos las pinzas hacia el centro.

## 4. Cosemos los bolsillos a la falda.

Marcar la posición del pulido del bolsillo.

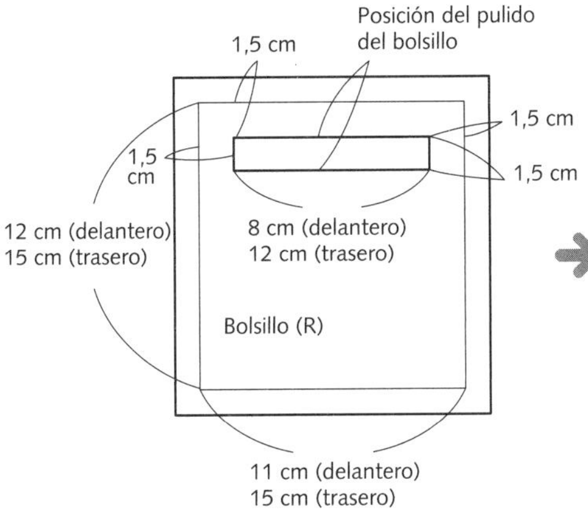


② Encaramos los derechos del bolsillo y del pulido del bolsillo, y cosemos el pulido al bolsillo.

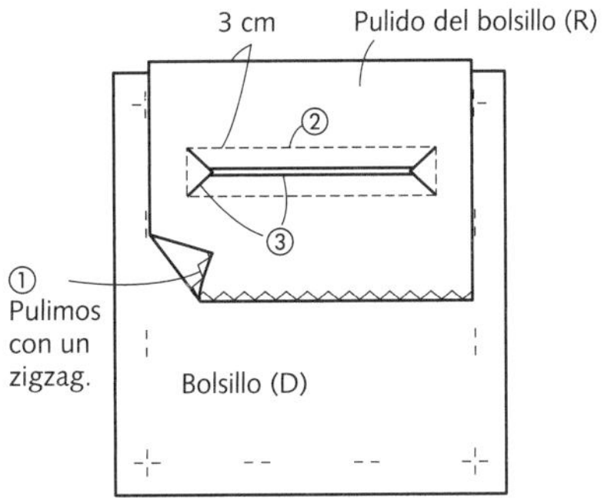


③ Cortamos ambas hojas de tejido.

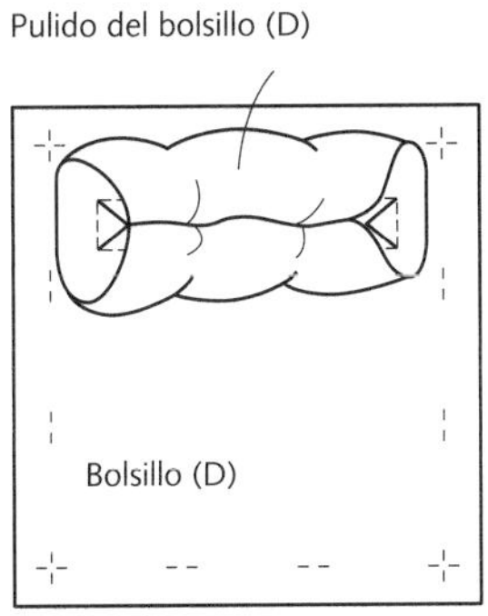


Tirar del pulido del bolsillo hacia el revés del tejido.

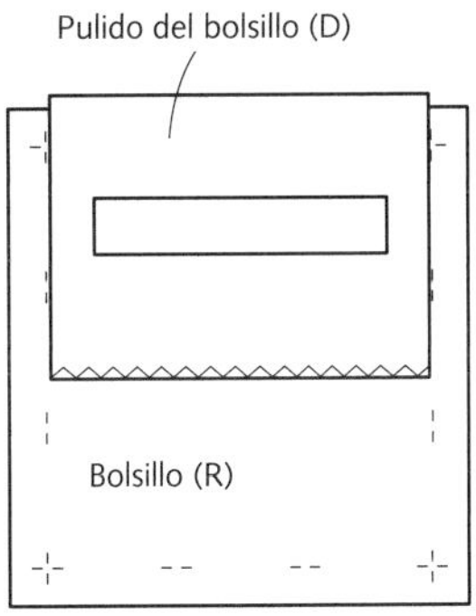

## 4. Cosemos los bolsillos a la falda (continuación).

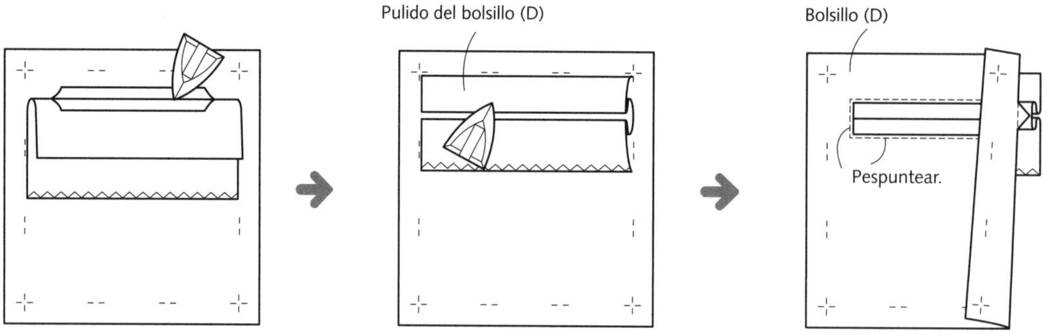


Abrir las costuras (repetir en la cara inferior).

Doblar el pulido como indica el esquema y planchar.

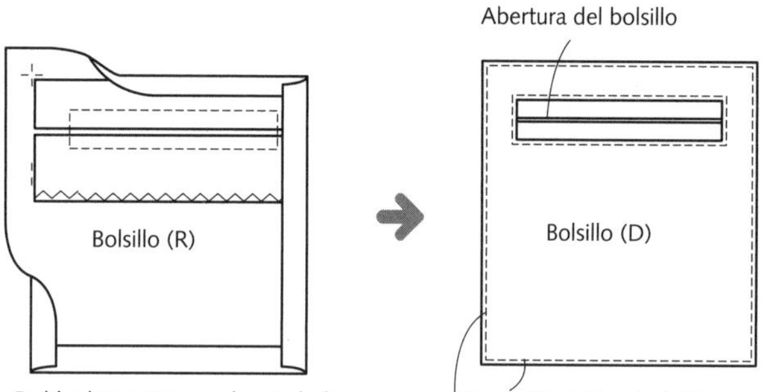


Doblar los cantos por los símbolos.

Coser el bolsillo a la falda en la posición marcada.

## 5. Cosemos la costura lateral izquierda.

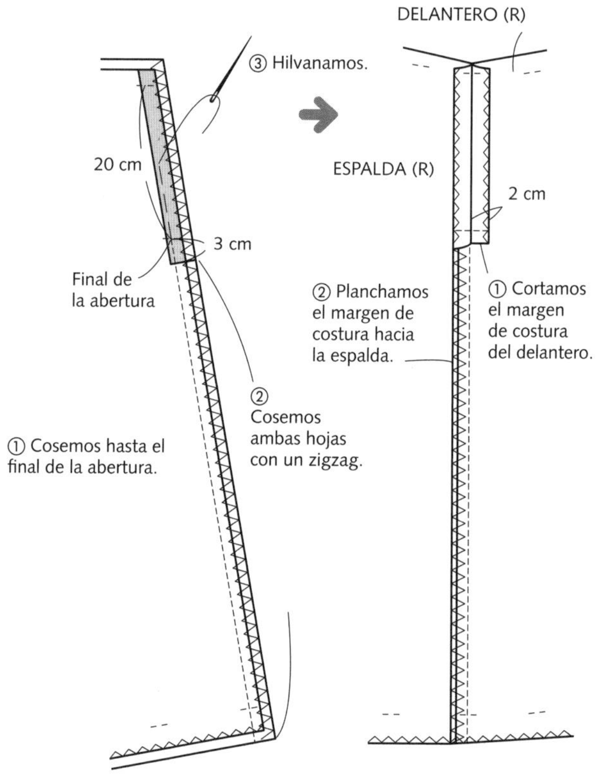

## 7. Cosemos el pulido a la cintura.

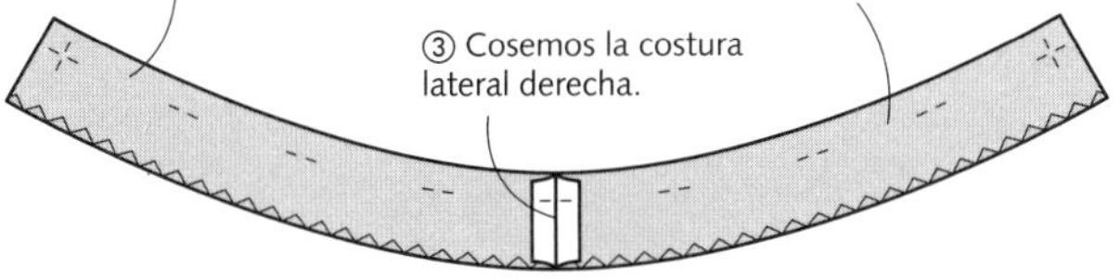


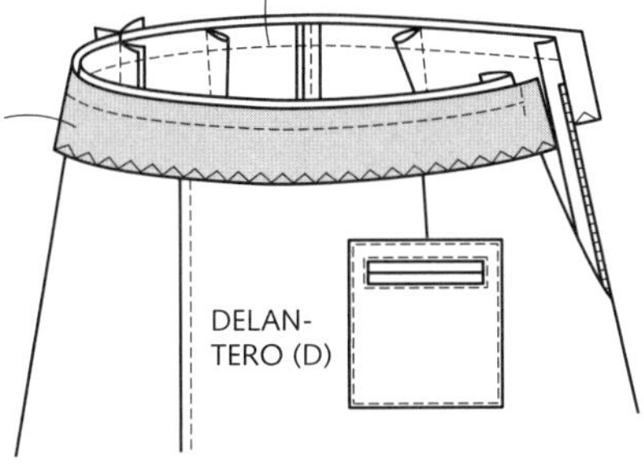


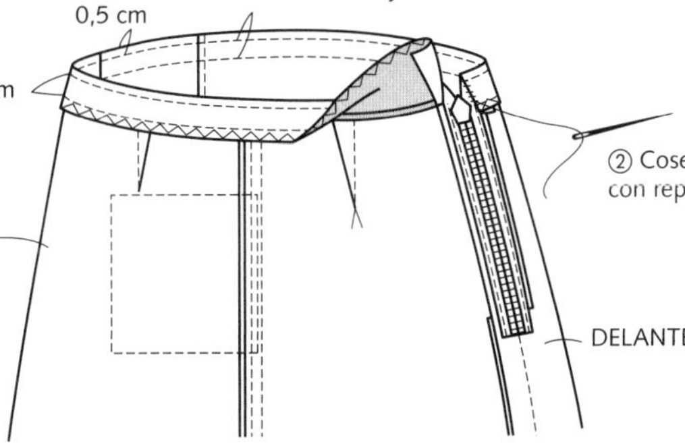


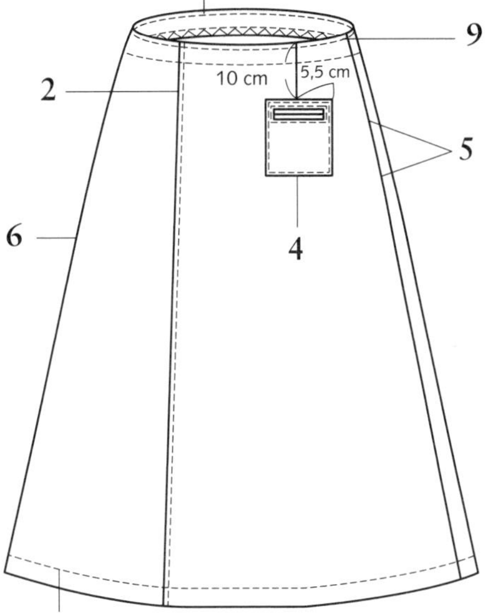


8

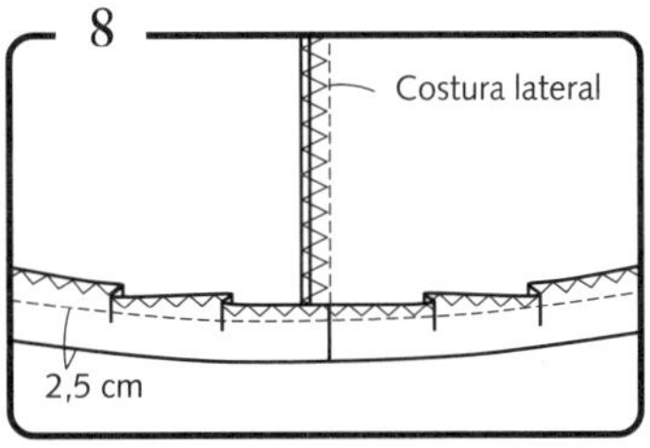


Hacemos pliegues para rebajar el recorrido del dobladillo sobrante.

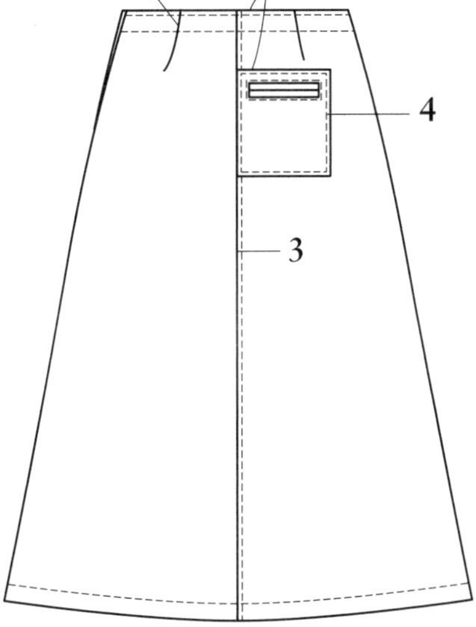

## Ⓝ Falda de algodón con pliegues en la cintura (foto en pág. 19)

### MATERIALES

Tejido: una pieza de algodón flameado de 106 cm de ancho × 1,5 m de largo
Entretela termoadhesiva: una tira de 2 cm de ancho × 23 cm de largo
Una cremallera invisible de 22 cm de largo
Un corchete
Entredós de encaje con vainica de 3 cm de ancho × (medida de tu cintura + 136 cm)
Cinta *grosgrain* de 1 cm de ancho × (medida de tu cintura + 136 cm)

### CONFECCIÓN PASO A PASO

1. Cosemos el entredós a la falda.
2. Cerramos la costura lateral hasta la abertura e insertamos la cremallera (pág. 76).
3. Hacemos el dobladillo del bajo.
4. Hilvanamos los pliegues.
5. Cosemos el ribete a la cintura (pág. 50).
6. Cosemos el corchete (pág. 63).

## • Colocación de los patrones para el corte

Las cifras entre paréntesis señalan el margen de costura.
Donde no se indique, dejamos 1 cm de margen.

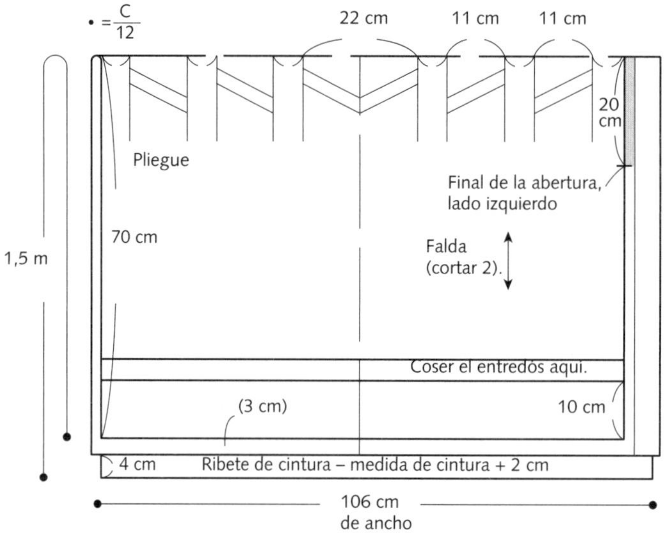


## • Cómo crear los pliegues

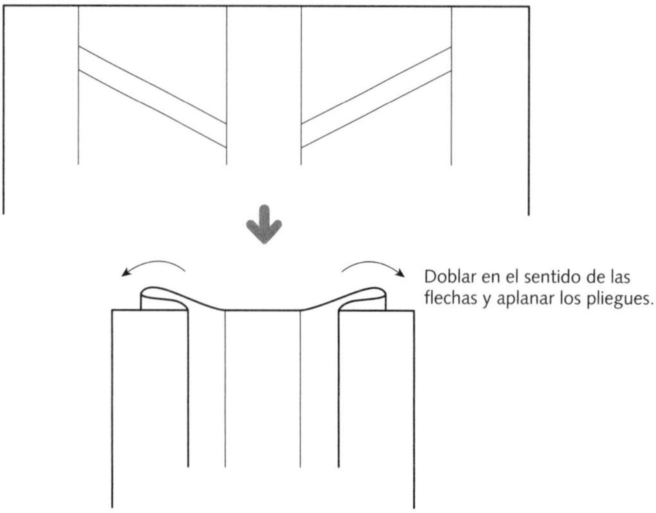

## 1. Cosemos el entredós a la falda.

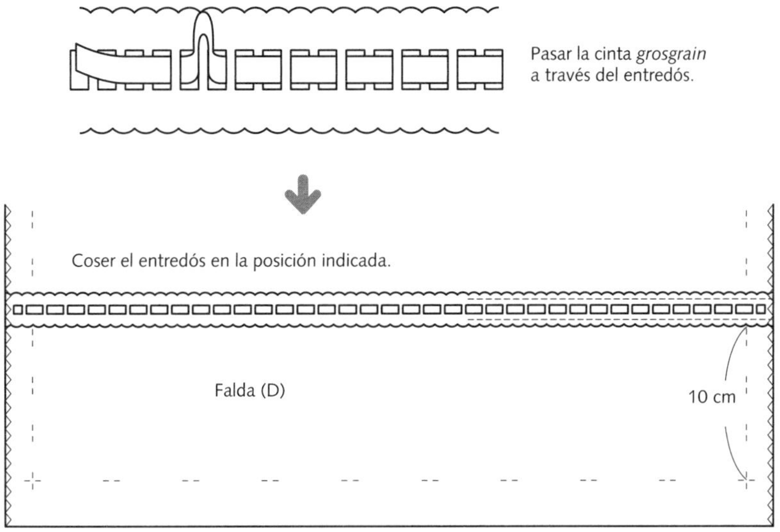


## 4. Creamos los pliegues.

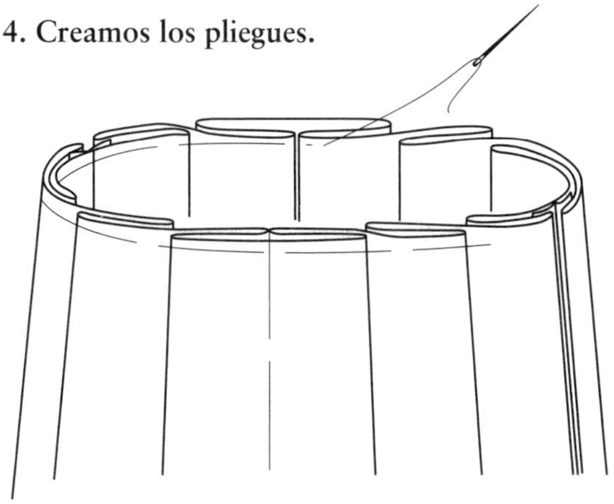

Hilvanar o coser a máquina con la puntada más larga.

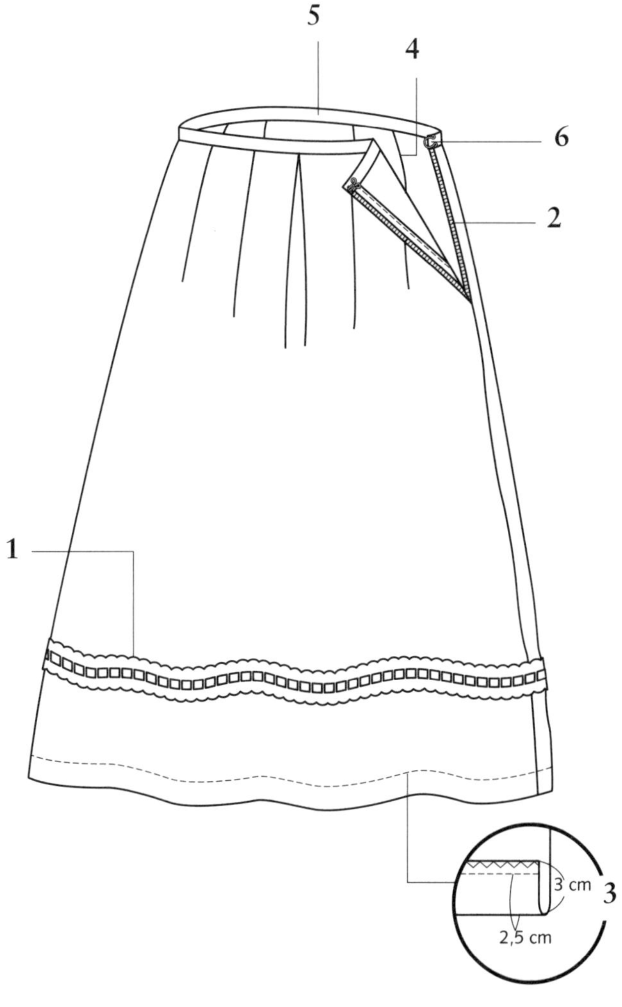

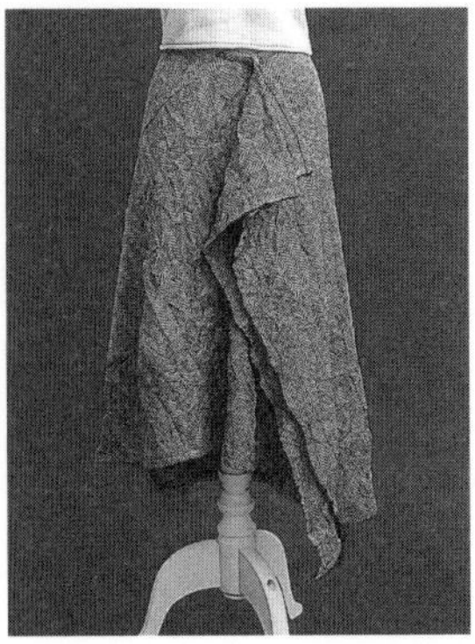

## ⓞ Falda de *tweed* con pieza asimétrica en el delantero (fotos en págs. 20-21)

### MATERIALES

Tejido: una pieza de *tweed* lavable de 130 cm de ancho × 1,6 m de largo

Entretela termoadhesiva: una tira de 2 cm de ancho × 23 cm de largo

Una cremallera invisible de 22 cm de largo

Un corchete

### CONFECCIÓN PASO A PASO

1. Partiendo de la pieza delantera derecha, unimos todas las piezas en dirección a la espalda de la prenda.
2. Cosemos la costura izquierda hasta la abertura e insertamos la cremallera (pág. 76).
3. Hacemos el dobladillo del bajo.
4. Hacemos coincidir las piezas derecha e izquierda del delantero y las cosemos.
5. Cosemos el pulido a la cintura.
6. Cosemos el corchete (pág. 63).

**1. Comenzando por la pieza derecha del delantero y trabajando en dirección a la espalda de la falda, cosemos todas las piezas de la falda.**

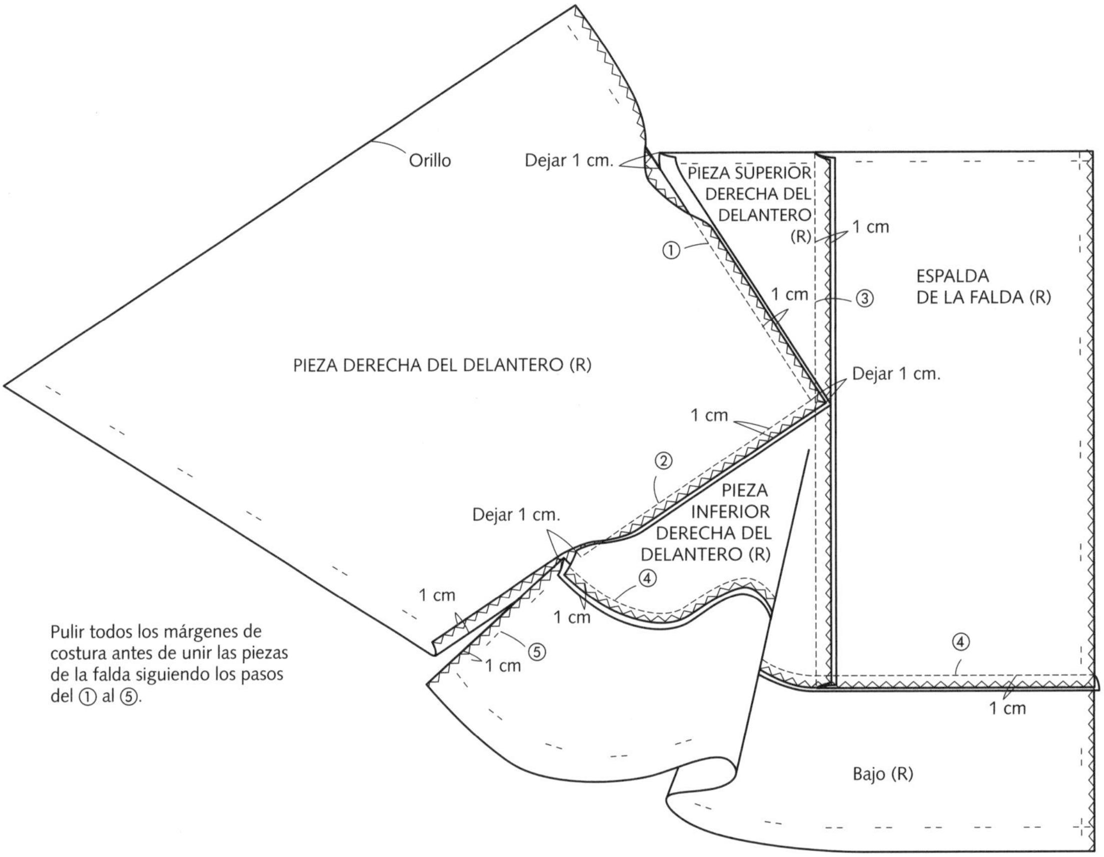


Pulir todos los márgenes de costura antes de unir las piezas de la falda siguiendo los pasos del ① al ⑤.

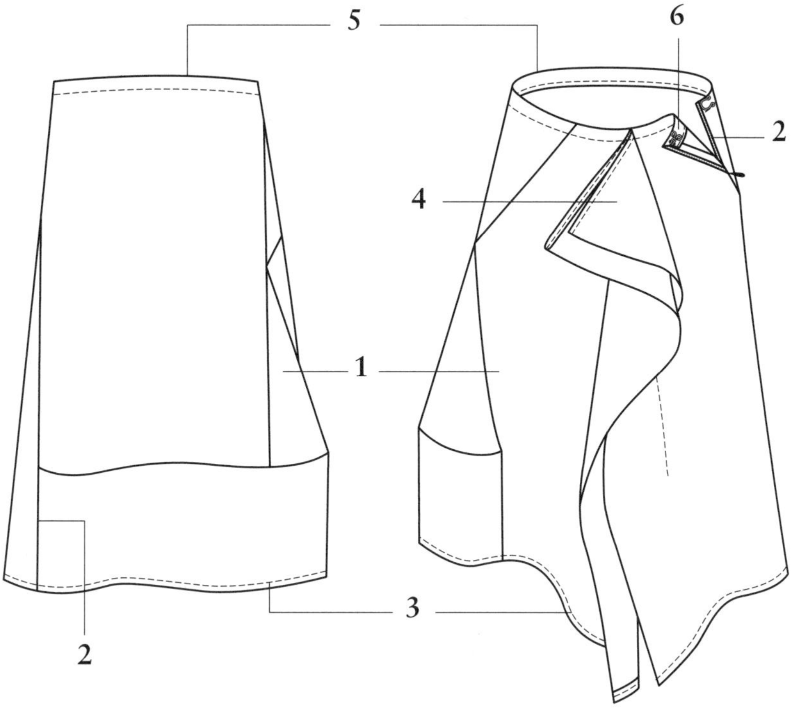


### 3. Hacemos el dobladillo del bajo.

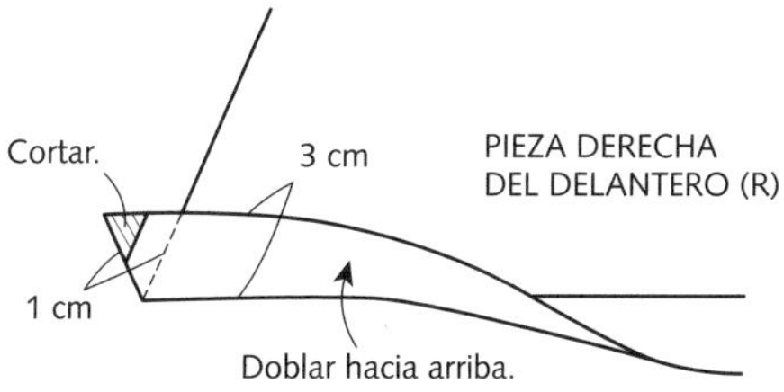


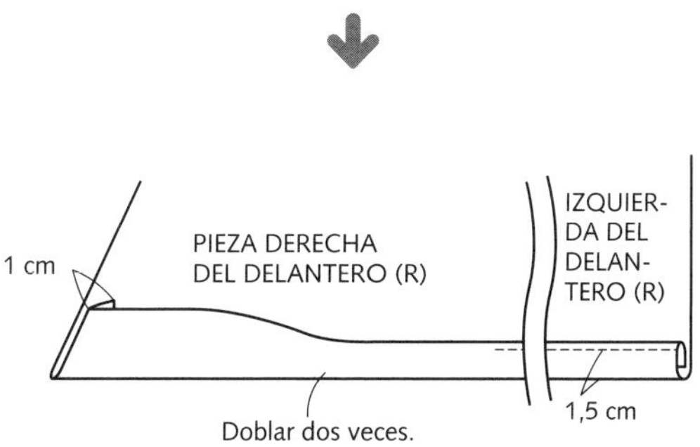

## 4. Hacemos coincidir las piezas derecha e izquierda del delantero y las cosemos.

Hacer coincidir los cantos derechos de las piezas derecha e izquierda del delantero en los símbolos ☆ y coser.

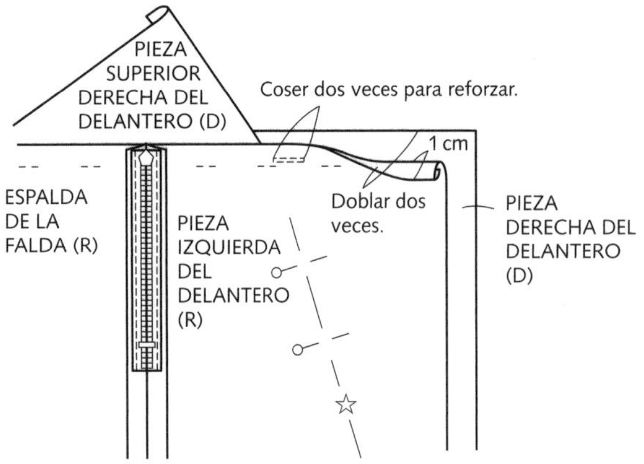


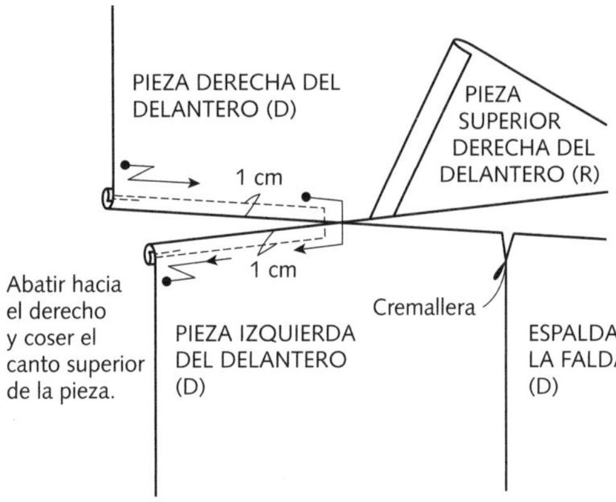


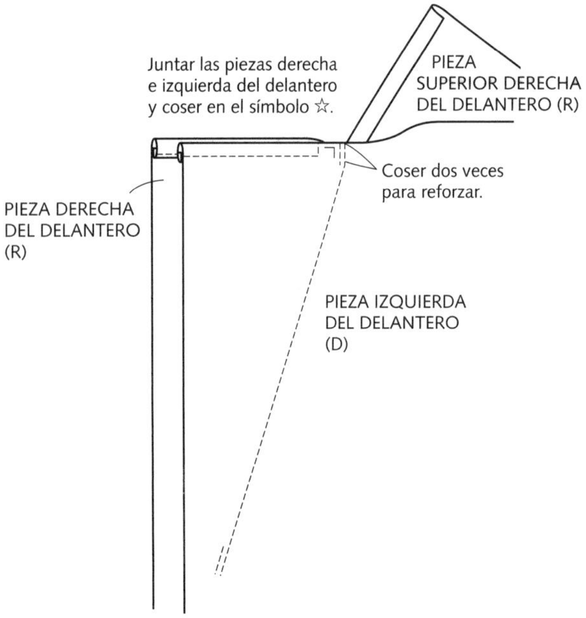


## 5. Cosemos el pulido a la cintura.

Hacer coincidir el derecho de la falda con el del pulido y coser.

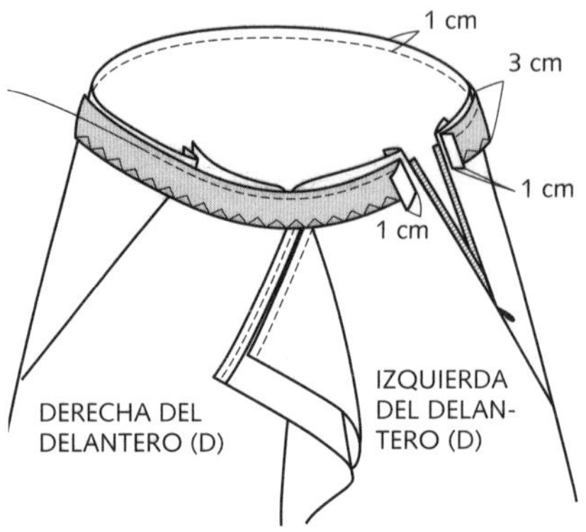


Abatir el pulido hacia el revés y coser a cada lado de las piezas.

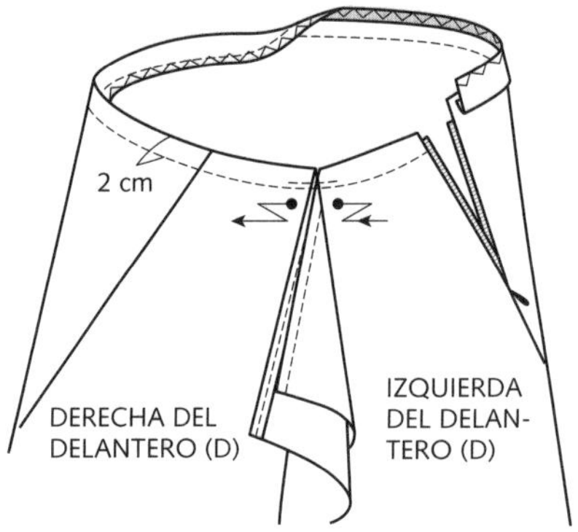

## • Trazado de patrones

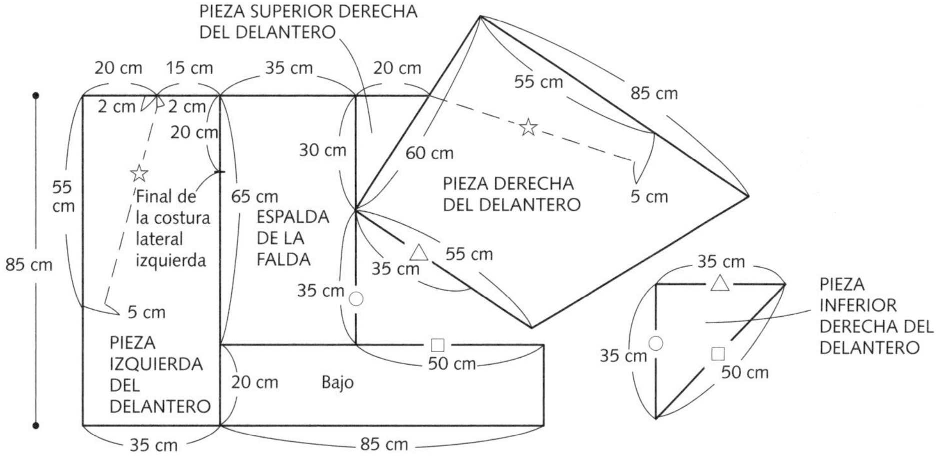


## • Colocación de los patrones para el corte

Las cifras entre paréntesis señalan el margen de costura.
Donde no se indique, dejamos 1 cm de margen.

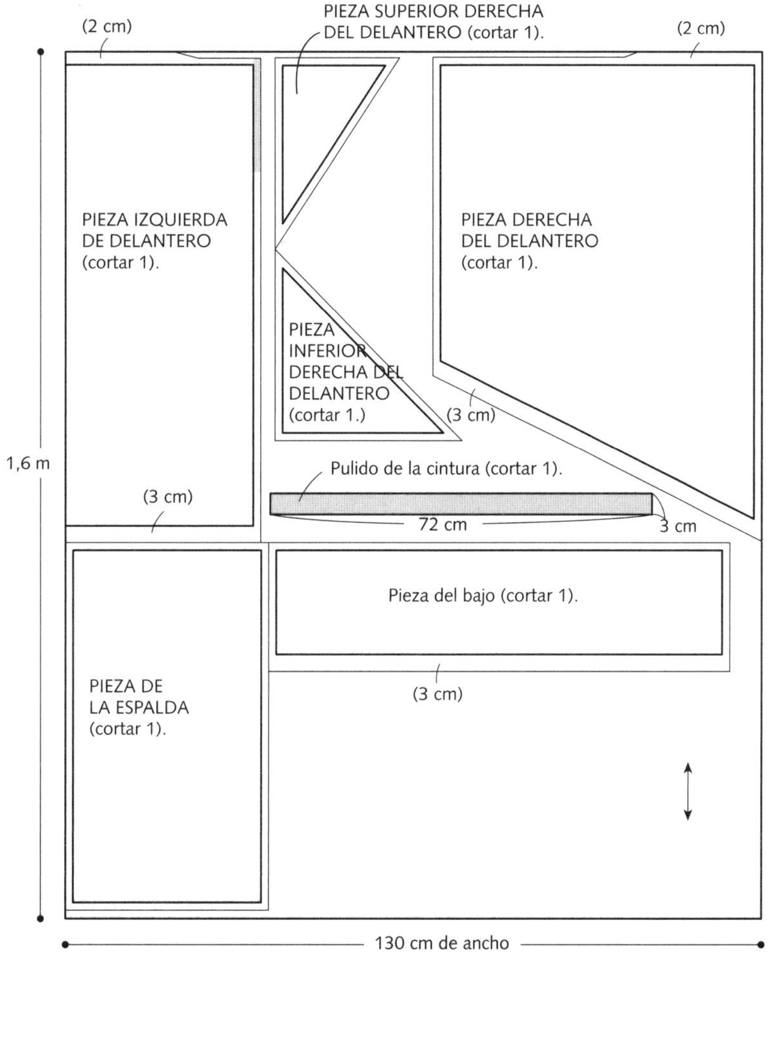

## P Falda globo larga (foto en pág. 22)
## Q Falda globo negra (foto en pág. 23)

### MATERIALES

Tejido: una pieza de satén *crushed* de 122 cm de ancho × 2,2 m de largo para P y de 1,5 m de largo para Q
Forro: una pieza de cupro de 92 cm de ancho × 1,7 m de largo para P y de 1,2 m de largo para Q
Entretela termoadhesiva: una tira de 6 cm de ancho × 78 cm de largo para cada falda
Una cremallera invisible de 22 cm de largo

### CONFECCIÓN PASO A PASO

1. Hacemos las marcas de los pliegues y los hilvanamos.
2. Cosemos las costuras laterales de la sección exterior de la falda y montamos la cremallera
3. Cosemos las costuras laterales del forro.
4. Cosemos el forro a la falda.
5. Cosemos la jareta a la cintura.
6. Creamos el cordón y lo insertamos en la jare

## 1. Creamos los pliegues.

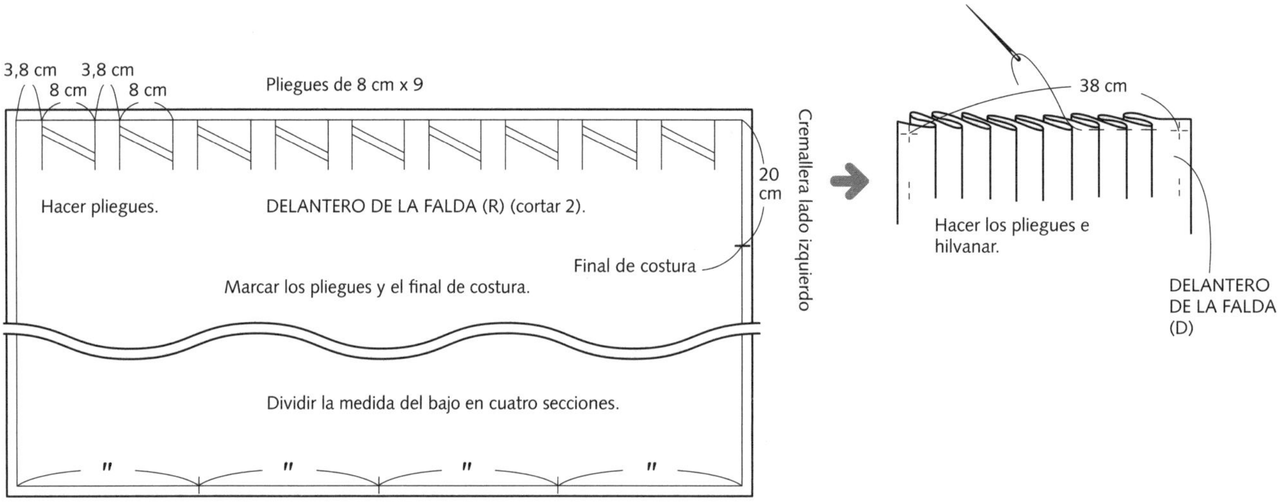


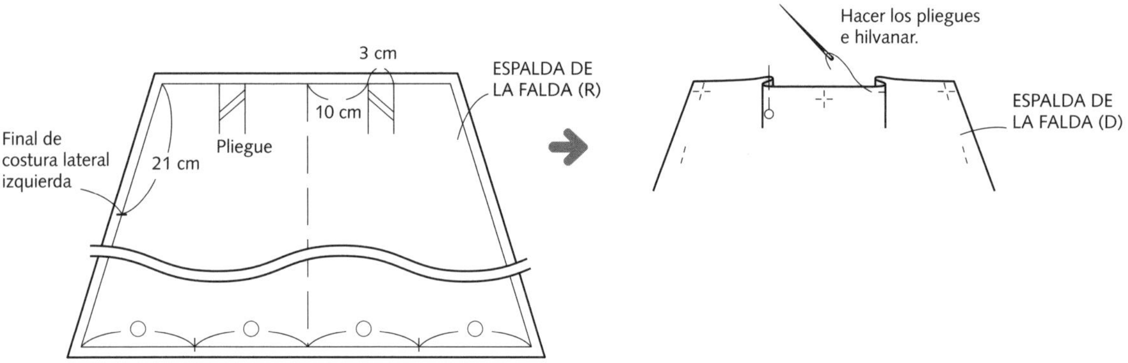


Símbolos de las cuatro secciones del bajo

## • Trazado de patrones y colocación para el corte

Las cifras entre paréntesis señalan el margen de costura.
Donde no se indique, dejamos 1 cm de margen.

(Satén *crushed*)

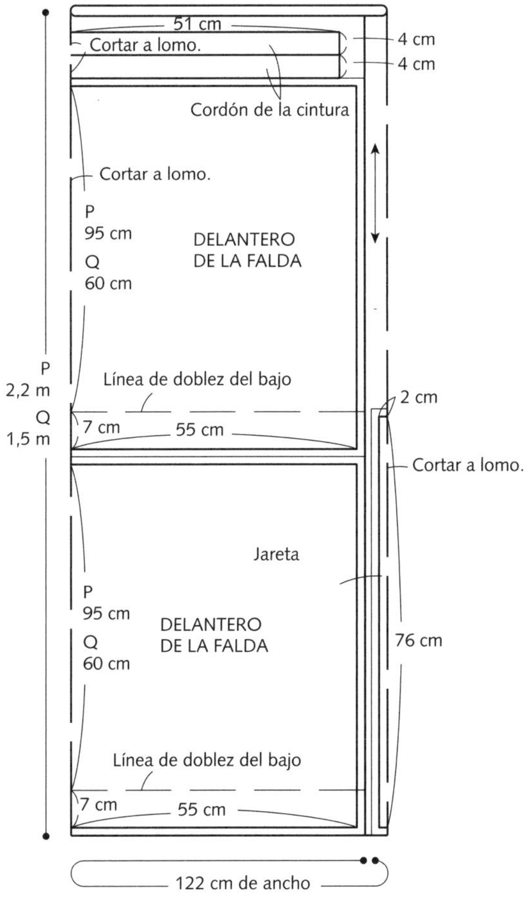


(Forro de la falda)

(Cupro)

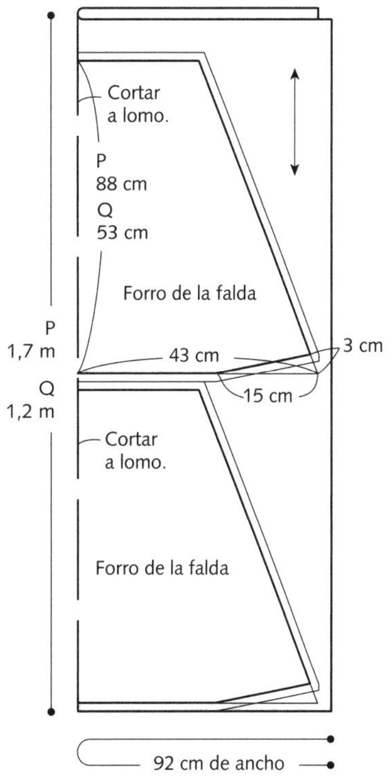

## 2. Cosemos las costuras laterales de la falda y montamos la cremallera.

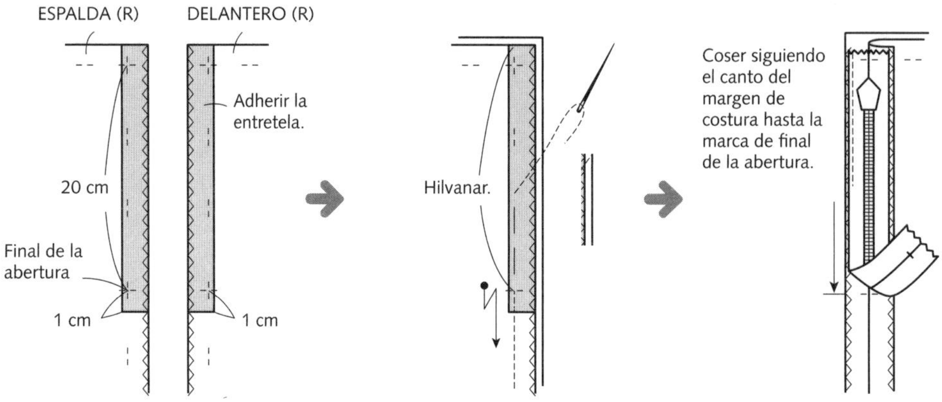
ESPALDA (R)
DELANTERO (R)
Adherir la entretela.
20 cm
Final de la abertura
1 cm
1 cm
Hilvanar.
Coser siguiendo el canto del margen de costura hasta la marca de final de la abertura.

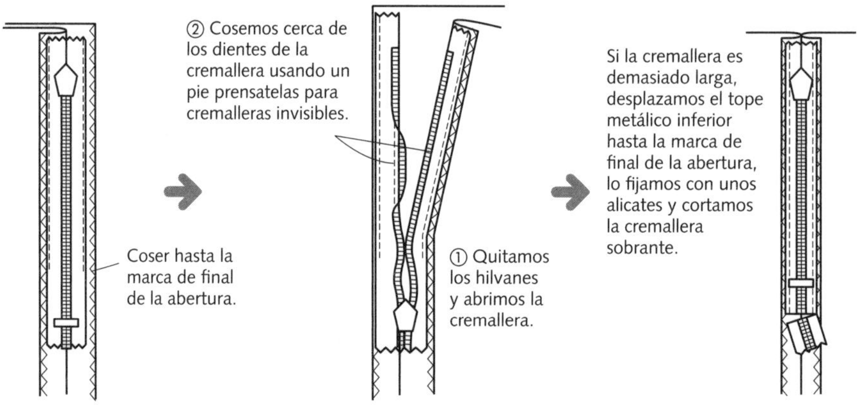
Coser hasta la marca de final de la abertura.
② Cosemos cerca de los dientes de la cremallera usando un pie prensatelas para cremalleras invisibles.
① Quitamos los hilvanes y abrimos la cremallera.
Si la cremallera es demasiado larga, desplazamos el tope metálico inferior hasta la marca de final de la abertura, lo fijamos con unos alicates y cortamos la cremallera sobrante.

## 4. Cosemos el forro a la falda.

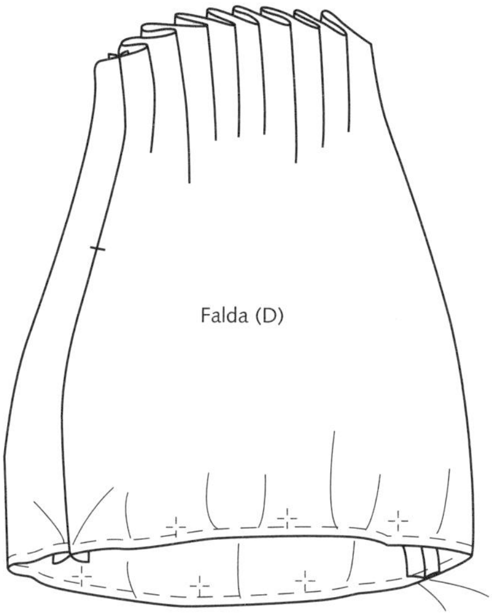
Falda (D)

Coser haciendo coincidir el ancho del bajo del forro con el de la falda.

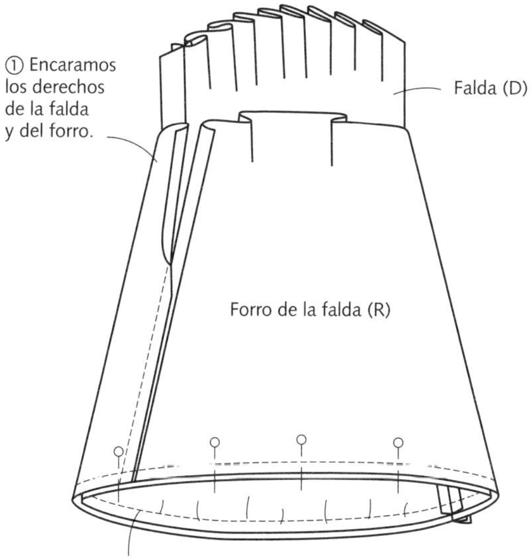
① Encaramos los derechos de la falda y del forro.
Falda (D)
Forro de la falda (R)
② Hacemos coincidir las costuras laterales y los símbolos, y cosemos.

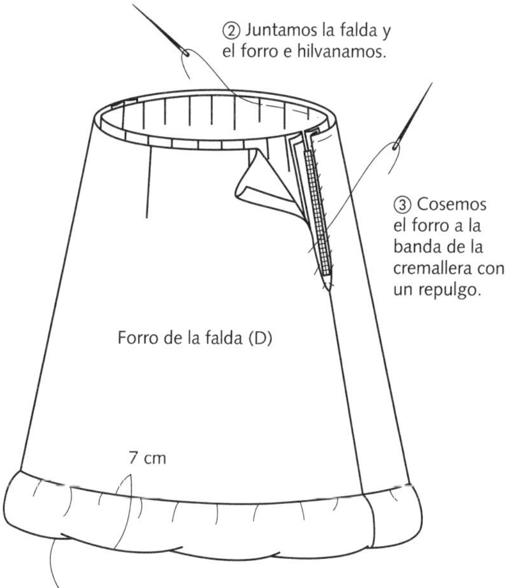
② Juntamos la falda y el forro e hilvanamos.
③ Cosemos el forro a la banda de la cremallera con un repulgo.
Forro de la falda (D)
7 cm
① Doblamos la falda por la línea de doblado del bajo.

## 5. Cosemos la jareta a la cintura.

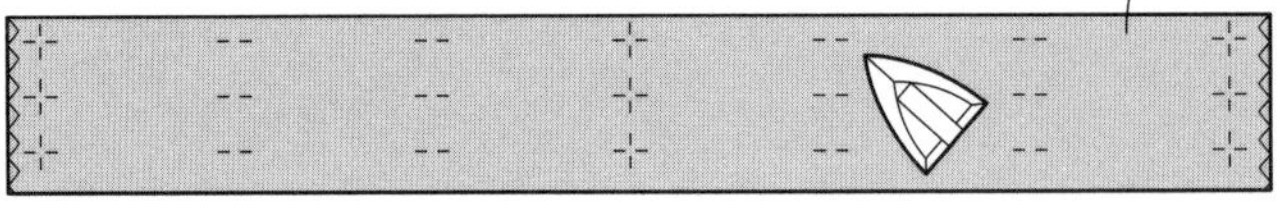
① Adherimos la entretela con la plancha.
Jareta de cintura (R)
② Pulimos los cantos con un zigzag.

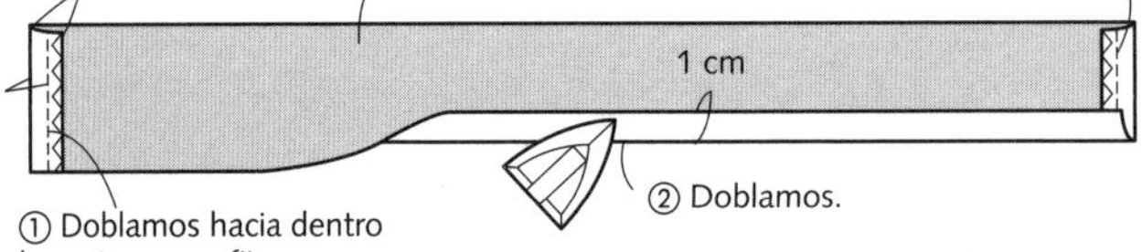
1 cm
JARETA DE CINTURA (R)
①
0,5 cm
1 cm
① Doblamos hacia dentro los extremos y fijamos con una costura.
② Doblamos.

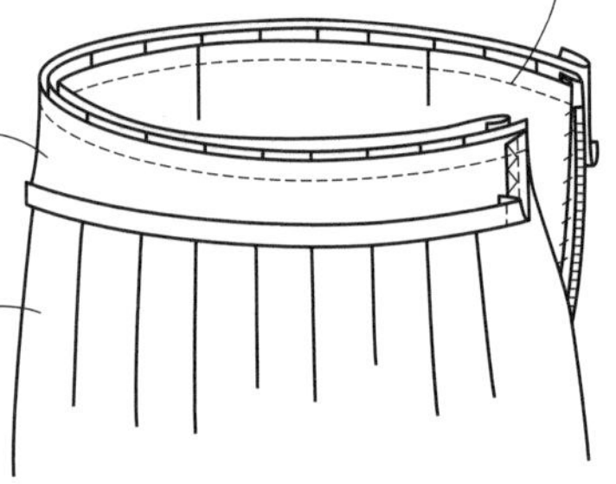
Encaramos los derechos de la jareta y de la falda y cosemos incluyendo el forro.
Jareta de cintura (D)
Falda (D)

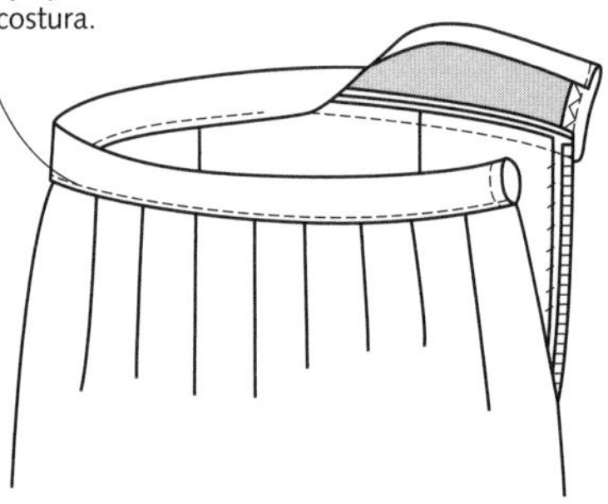
Abatimos la jareta hacia el revés de la falda y fijamos con una costura.

## 6. Confeccionamos el cordón y lo insertamos en la jareta.

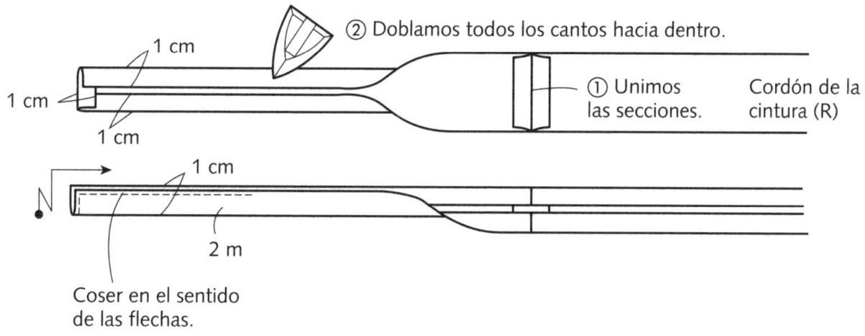


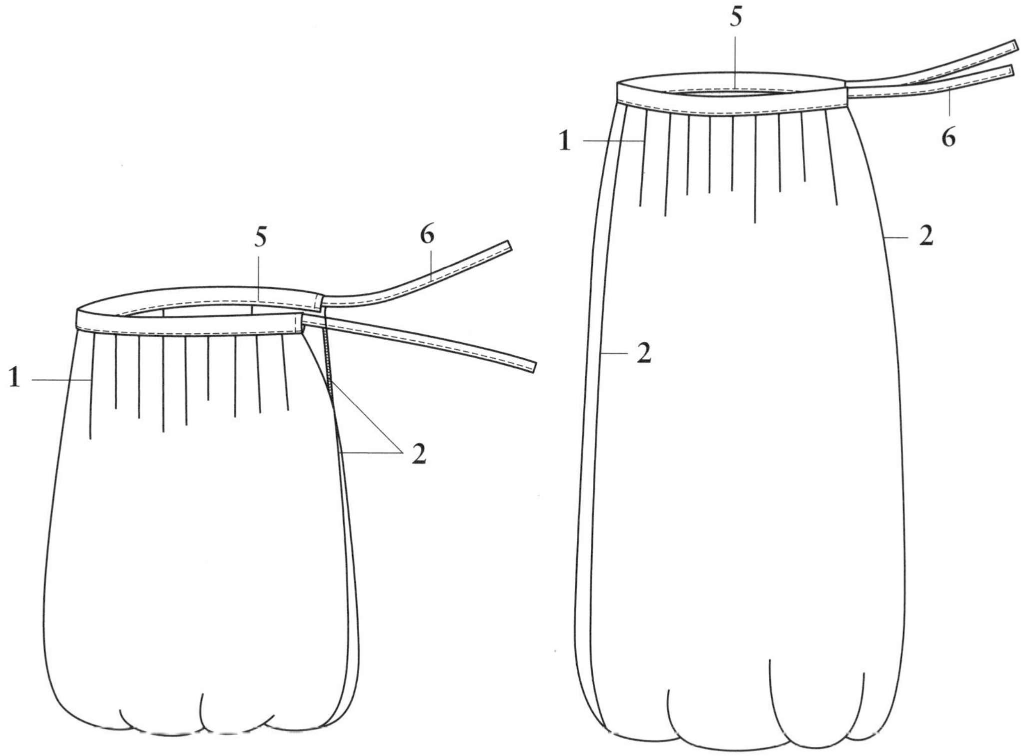

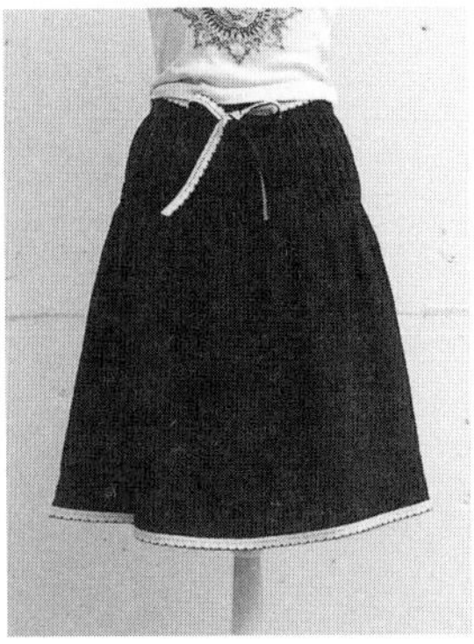

## Ⓡ Falda con canesú fruncido con hilo elástico y cinturón de puntilla

(fotos en págs. 24-25)

### MATERIALES

Tejido: una pieza de *dobby* de doble gasa a cuadros lavable de 110 cm de ancho × 1,5 cm de largo
Entretela termoadhesiva: una tira de 2 cm de ancho × 22 cm de largo
Una cremallera invisible de 22 cm de ancho
Un corchete
2,8 m de puntilla de torchón de 1,5 cm de ancho
Hilo elástico para fruncir

### CONFECCIÓN PASO A PASO

1. Cosemos el lado derecho y creamos el fruncido con hilo elástico.
2. Cosemos el lado izquierdo hasta el final de la abertura e insertamos la cremallera (pág. 76).
3. Cosemos las trabillas a la cintura.
4. Hacemos el dobladillo del bajo.
5. Confeccionamos el cinturón.
6. Cosemos el corchete (pág. 63).

## • Trazado de patrones y colocación para el corte (falda)

Las cifras entre paréntesis señalan el margen de costura.
Donde no se indique, dejamos 1 cm de margen.

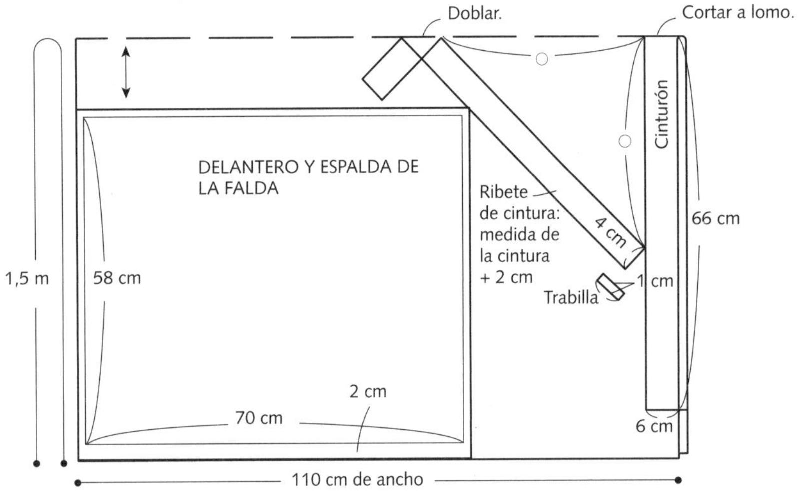


## 1. Cosemos la costura lateral derecha y creamos el fruncido elástico.

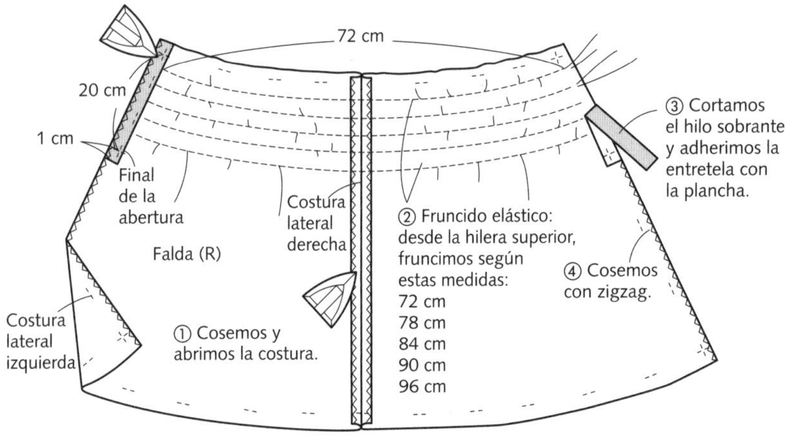


## • Fruncido con hilo elástico

Devanar manualmente el hilo elástico en el carrete sin estirar.

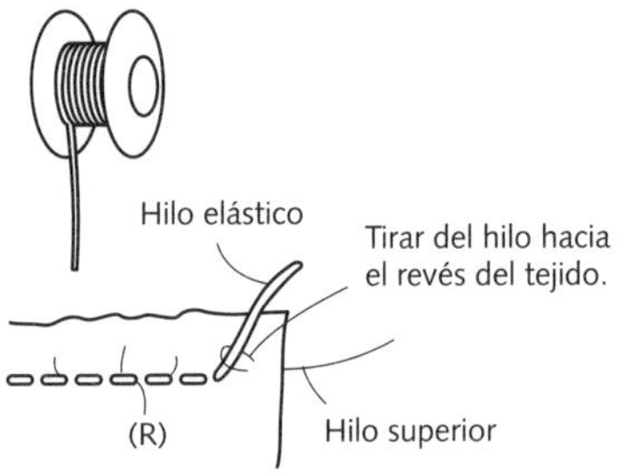


Coser para que 30 cm de tejido formen un fruncido de 20 cm de ancho.

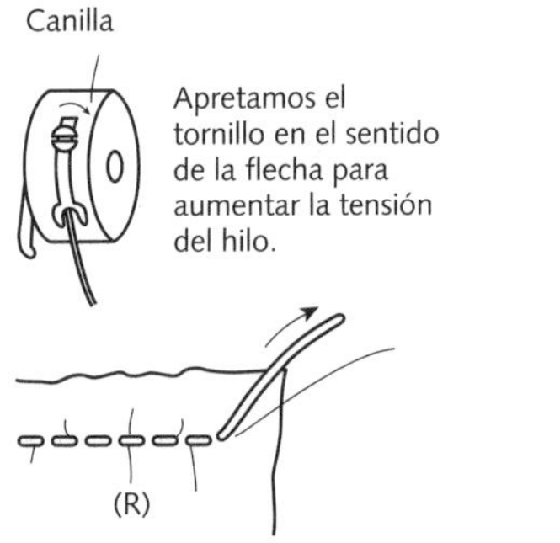


Tirar del hilo elástico hasta alcanzar la medida especificada y anudarlo para fijarlo.

## 3. Cosemos las trabillas y el ribete de la cintura a la falda.

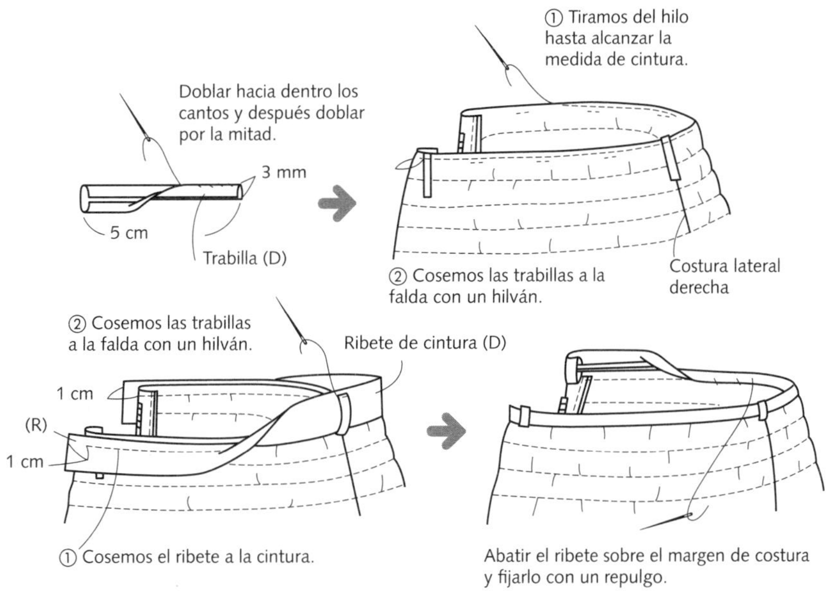
① Tiramos del hilo hasta alcanzar la medida de cintura.
Doblar hacia dentro los cantos y después doblar por la mitad.
3 mm
5 cm
Trabilla (D)
② Cosemos las trabillas a la falda con un hilván.
Costura lateral derecha
② Cosemos las trabillas a la falda con un hilván.
Ribete de cintura (D)
1 cm
(R)
1 cm
① Cosemos el ribete a la cintura.
Abatir el ribete sobre el margen de costura y fijarlo con un repulgo.

## 5. Confeccionamos el cinturón.

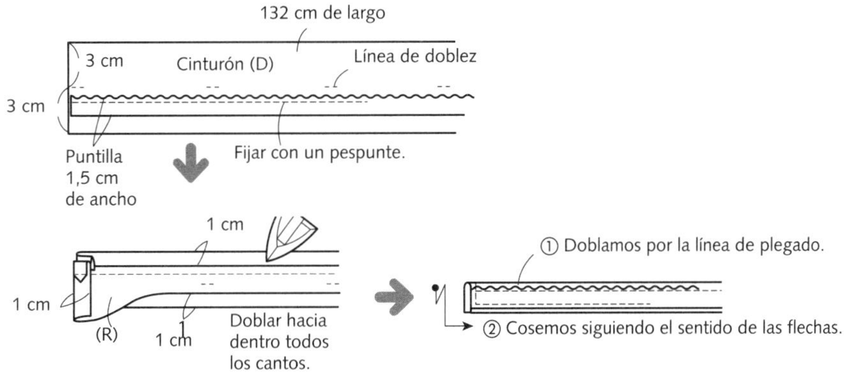
132 cm de largo
3 cm
Cinturón (D)
Línea de doblez
3 cm
Puntilla 1,5 cm de ancho
Fijar con un pespunte.
1 cm
1 cm
(R)
1 cm
Doblar hacia dentro todos los cantos.
① Doblamos por la línea de plegado.
② Cosemos siguiendo el sentido de las flechas.

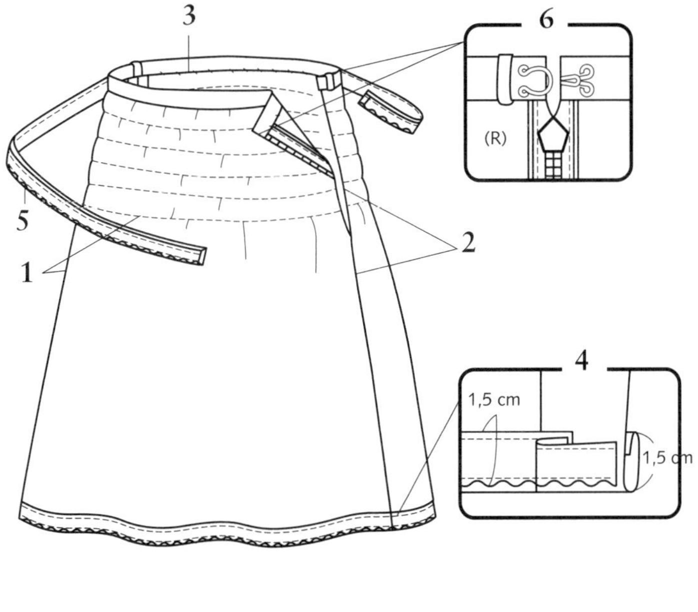
3
6
(R)
5
1
2
4
1,5 cm
1,5 cm

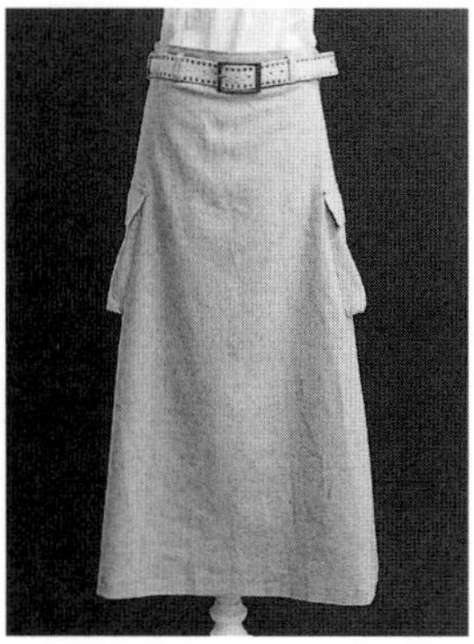

## S Falda de lino con bolsillos tipo cargo (foto en pág. 26)

### MATERIALES

Tejido: una pieza de lino de 110 cm de ancho × 1,9 m de largo

Entretela termoadhesiva: una pieza de 60 cm de ancho × 40 cm de largo

Una cremallera invisible de 22 cm de largo

Un corchete

### CONFECCIÓN PASO A PASO

1. Cosemos las costuras laterales.
2. Cosemos los bolsillos a la falda.
3. Cosemos la costura central de la espalda hasta la abertura e insertamos la cremallera (pág. 76).
4. Cosemos el pulido a la cintura (pág. 67).
5. Hacemos el dobladillo del bajo (pág. 67).
6. Cosemos las trabillas a la falda.
7. Cosemos el corchete.

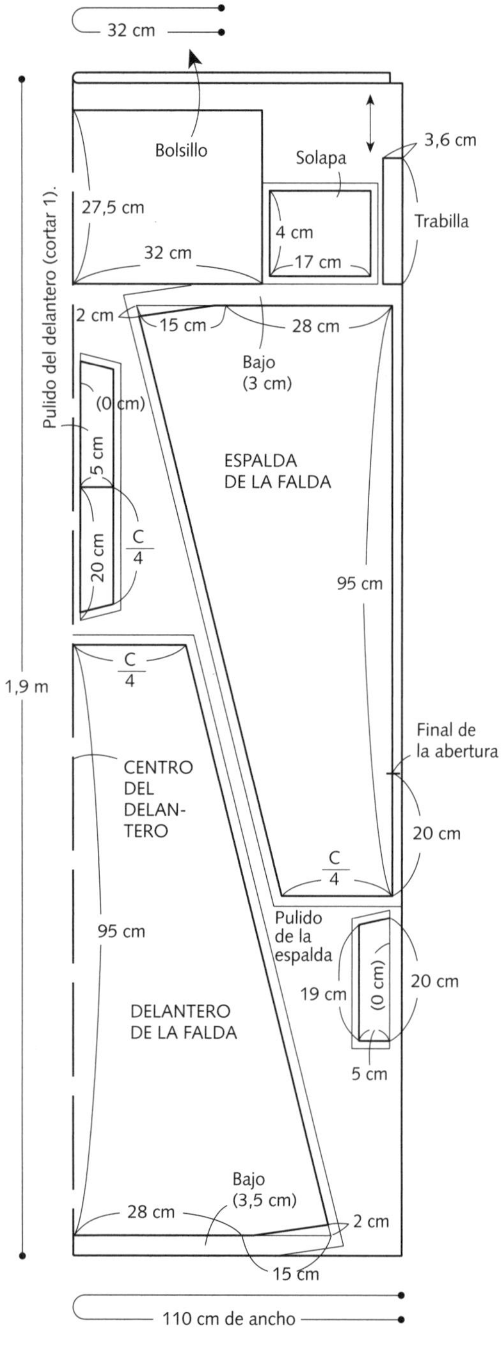


## • Trazado de patrones y colocación para el corte

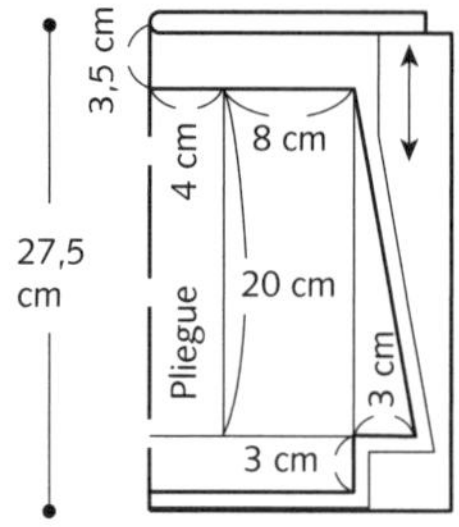


### 6. Cosemos las trabillas a la falda.

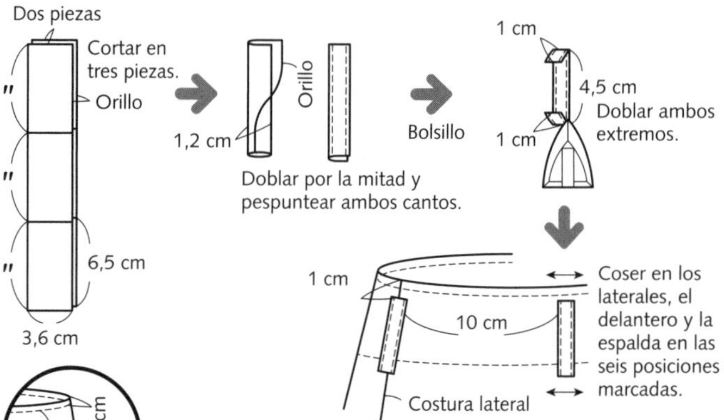


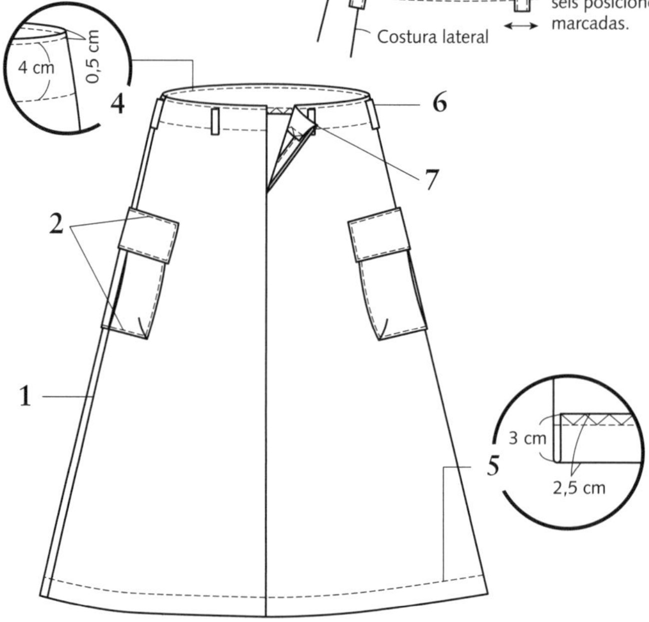

## 2. Cosemos los bolsillos a la falda.

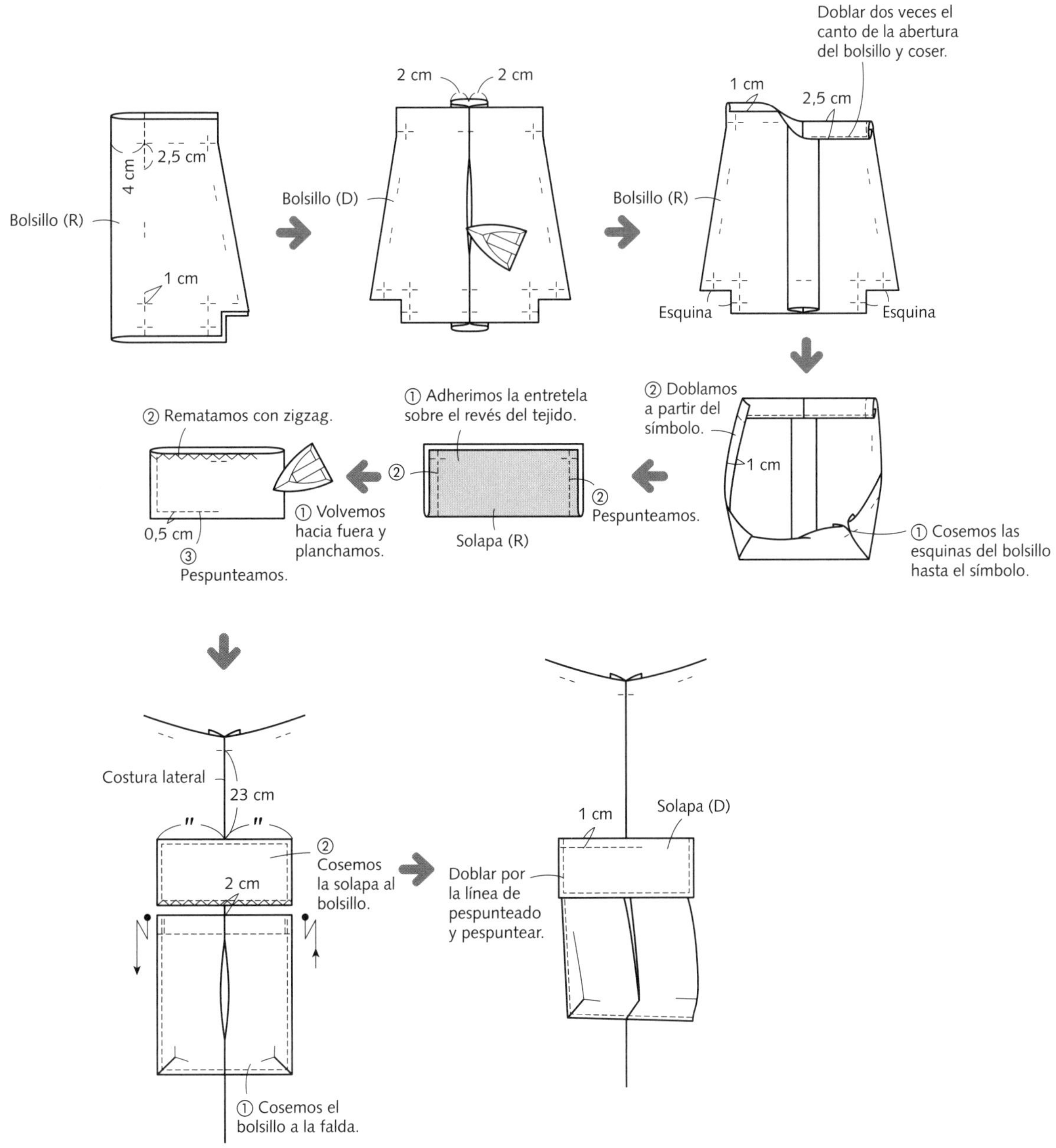

Doblar dos veces el canto de la abertura del bolsillo y coser.
2 cm
2 cm
1 cm
2,5 cm
2,5 cm
4 cm
Bolsillo (R)
Bolsillo (D)
Bolsillo (R)
1 cm
Esquina
Esquina
② Doblamos a partir del símbolo.
1 cm
① Cosemos las esquinas del bolsillo hasta el símbolo.
① Adherimos la entretela sobre el revés del tejido.
②
②
Pespunteamos.
Solapa (R)
② Rematamos con zigzag.
① Volvemos hacia fuera y planchamos.
0,5 cm
③
Pespunteamos.
Costura lateral
23 cm
②
Cosemos la solapa al bolsillo.
2 cm
① Cosemos el bolsillo a la falda.
1 cm
Solapa (D)
Doblar por la línea de pespunteado y pespuntear.

## T Falda bordada con detalle de lorzas horizontales (foto en pág. 27)

### MATERIALES

Tejido: una pieza de 112 cm de ancho × 2,5 m de largo
Hilo para bordar de color verde claro

### CONFECCIÓN PASO A PASO

1. Creamos los ojales de la jareta.
2. Confeccionamos las lorzas.
3. Cosemos las costuras laterales.
4. Confeccionamos la cintura.
5. Hacemos el dobladillo del bajo.
6. Confeccionamos el cordón y lo insertamos en la jareta.
7. Intercalamos los bordados entre las lorzas.

## • Trazado de patrones y colocación para el corte

Las cifras entre paréntesis señalan el margen de costura.
Donde no se indique, dejamos 1 cm de margen.

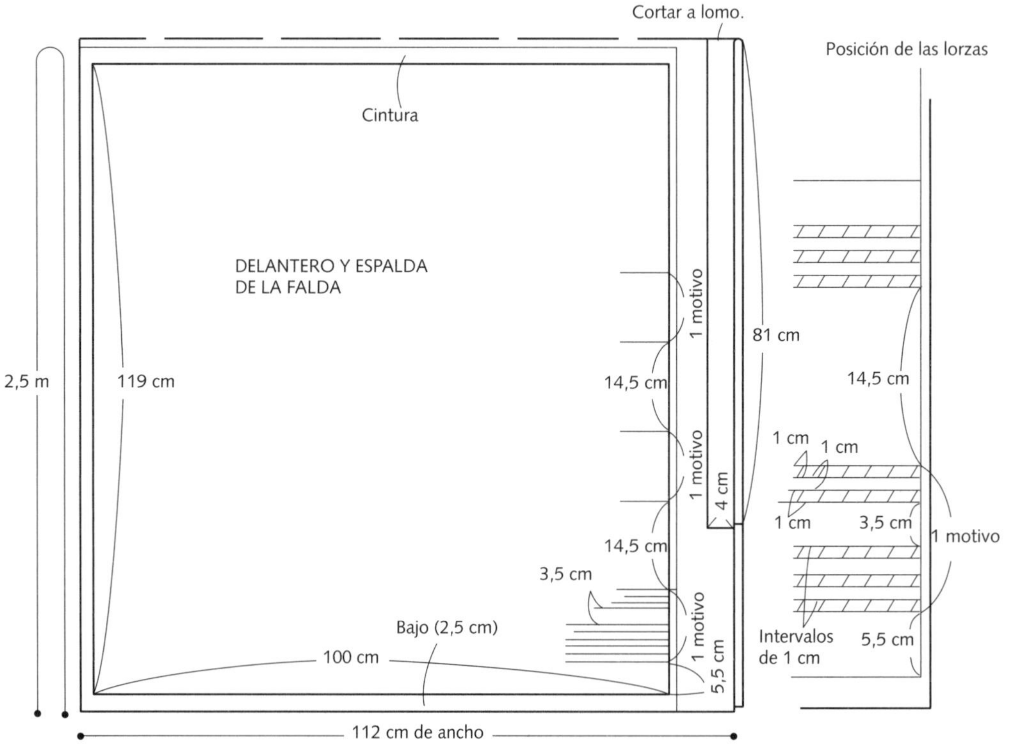


## 1. Creamos las aberturas de la jareta.

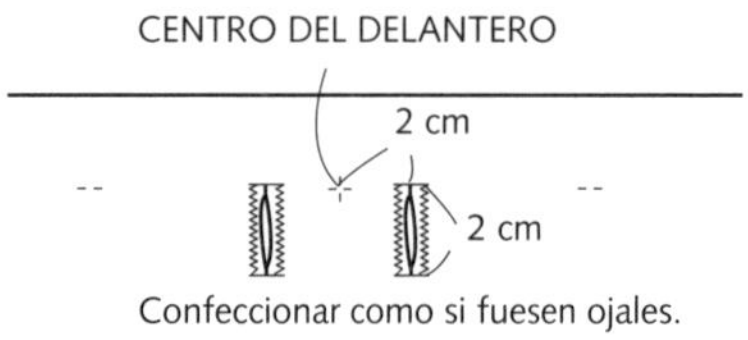


## 2. Confeccionamos las lorzas.

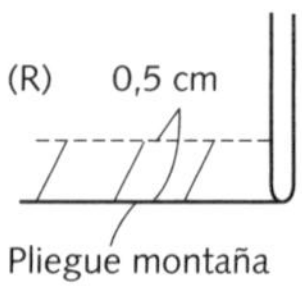


Las líneas diagonales indican las lorzas. Hacemos un pliegue montaña en el centro de la lorza y lo cosemos en sentido longitudinal, a 0,5 cm del canto.

Plantilla para el bordado (escala real)

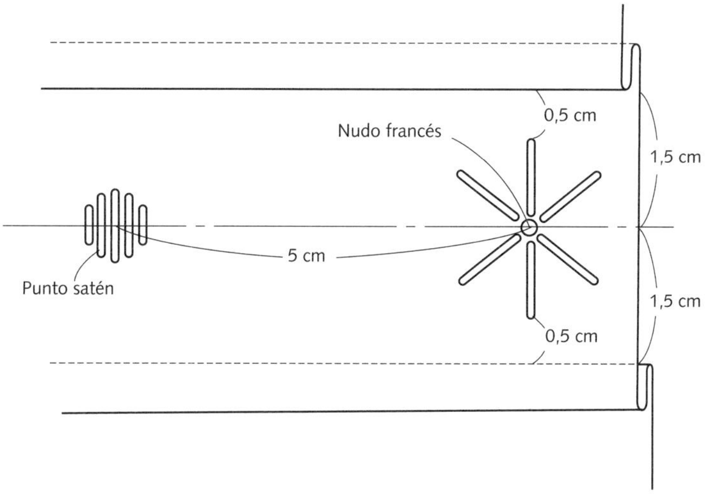


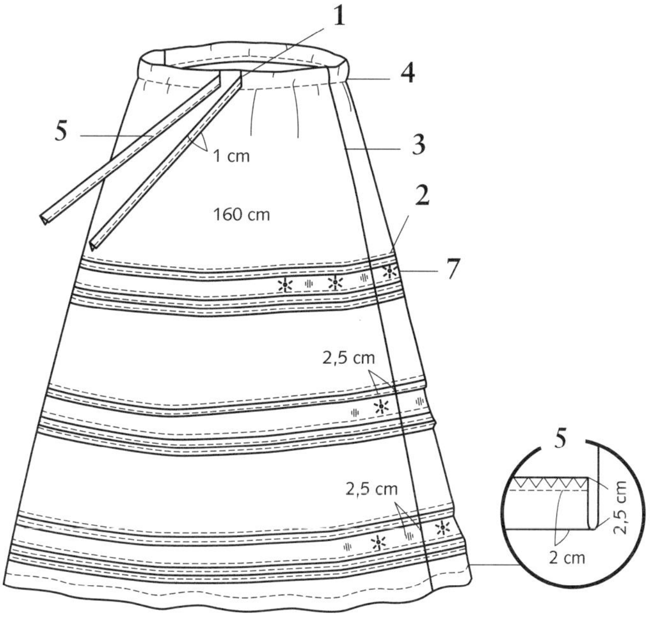

## Ⓤ Falda con ocho botones y franjas horizontales (foto en pág. 28)

### MATERIALES

Tejido: tres piezas de 130 cm de ancho (una de 90 cm de largo en color burdeos, una de 30 cm de largo en color blanco y una de 60 cm de largo en color morado)

Entretela termoadhesiva: una pieza de 60 cm de ancho × 40 cm de largo

Ocho botones de 2 cm de diámetro

### CONFECCIÓN PASO A PASO

1. Cosemos las secciones superior, central e inferior y abrimos las costuras.
2. Cosemos la costura izquierda del delantero y pasamos un sobrepespunte por el derecho del tejido (pág. 40).
3. Cosemos la costura lateral hasta la marca de la cintura.
4. Cosemos el forro a la falda.
5. Cosemos la costura izquierda del delantero y pasamos un sobrepespunte por el derecho del tejido (pág. 40).
6. Confeccionamos el dobladillo (pág. 67).
7. Confeccionamos los ojales y cosemos los botones a la falda (pág. 63).

## • Colocación de los patrones para el corte

Las cifras entre paréntesis señalan el margen de costura.
Donde no se indique, dejamos 1 cm de margen.

(Burdeos)

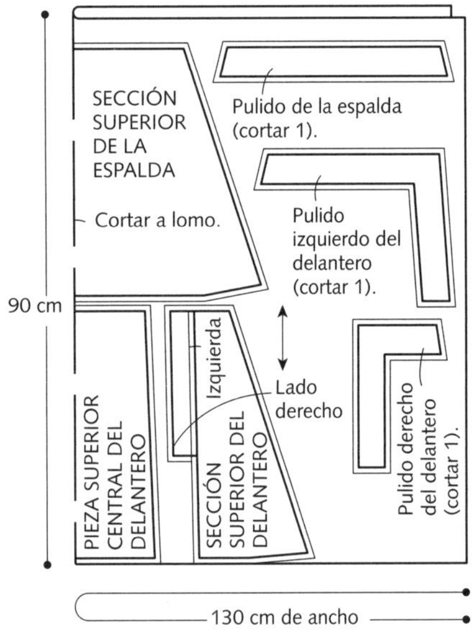


(Blanco)

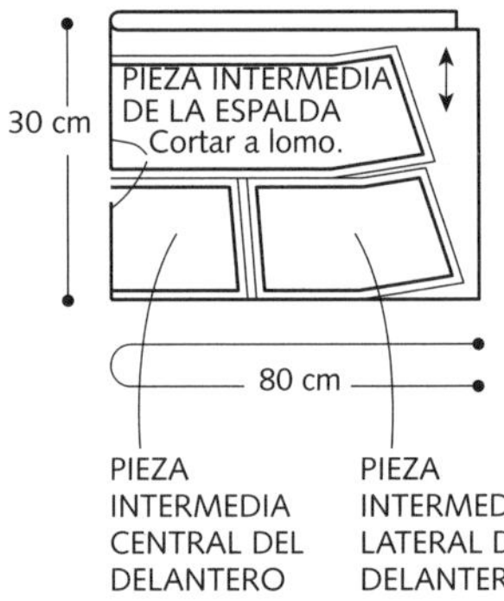


(Morado)

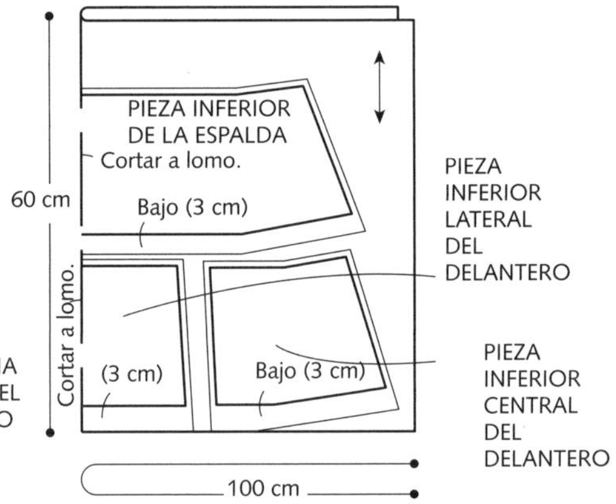


## • Trazado de patrones

(Espalda)

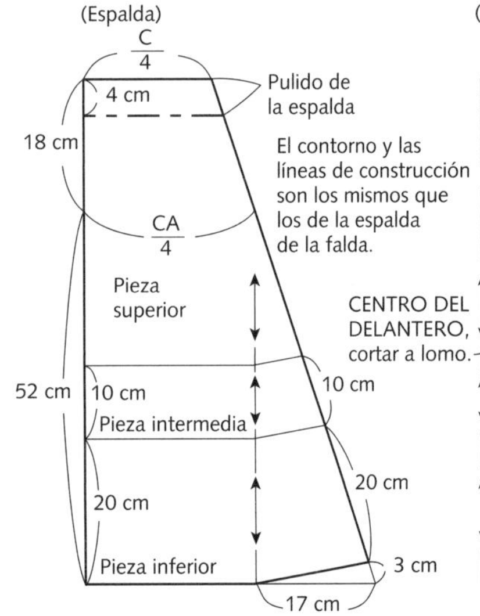


(Delantero)

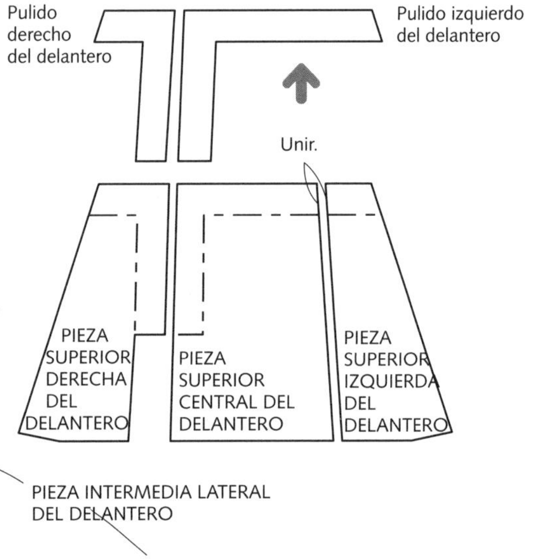

### 4. Cosemos los pulidos a la falda.

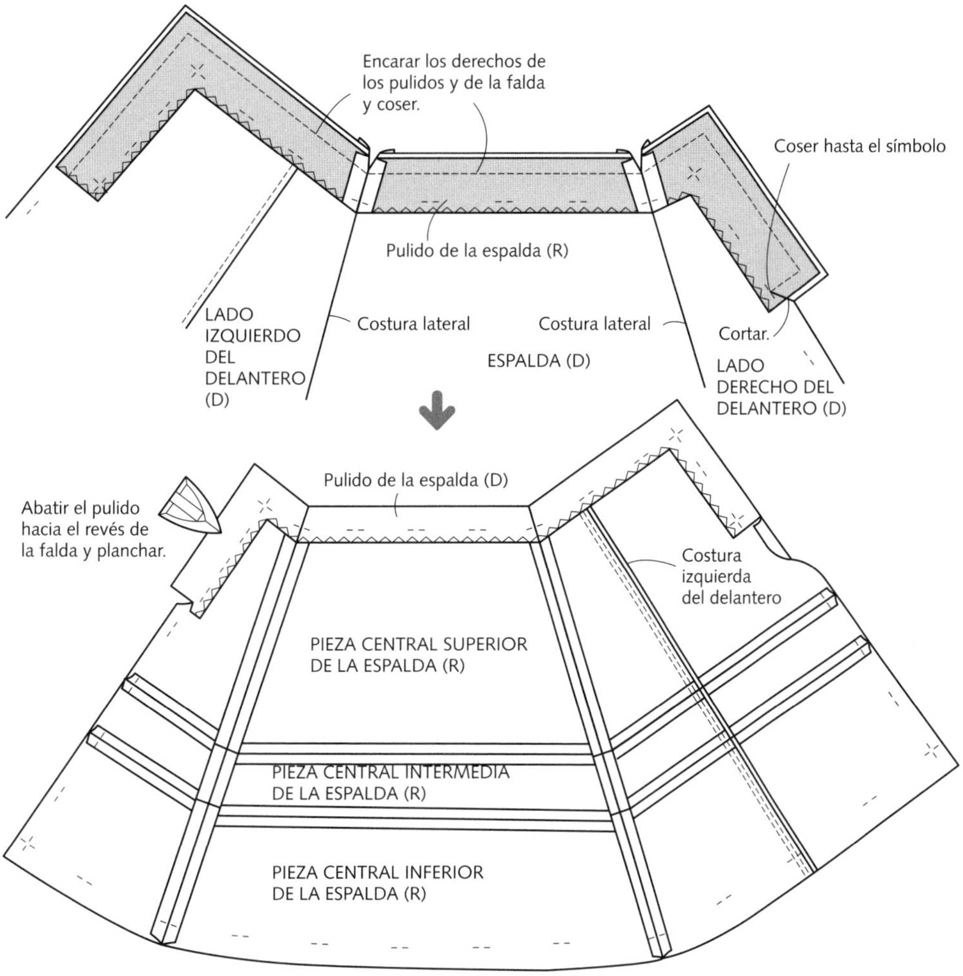


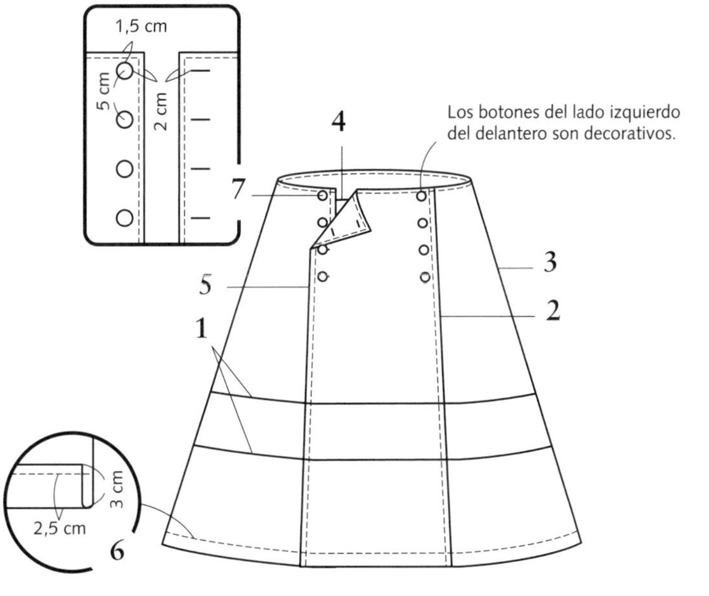

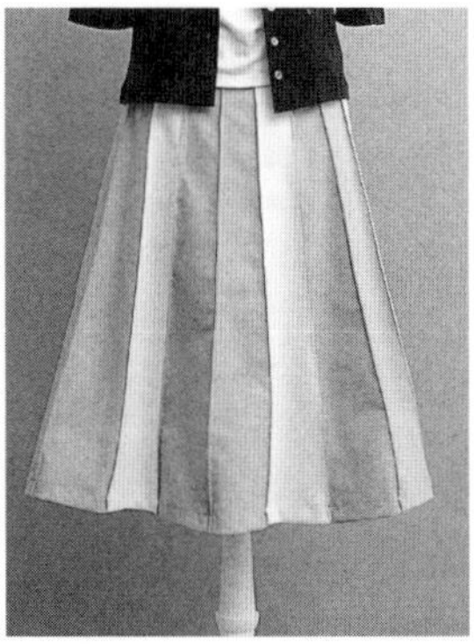

## ⓥ Falda tricolor de 18 piezas (foto en pág. 29)

### MATERIALES

Tejido: tres piezas de 130 cm de ancho × 80 cm de largo cada una, en color blanco, gris y azul claro, respectivamente

Entretela termoadhesiva: una tira de 6 cm de ancho × 80 cm de largo

Una cremallera invisible de 22 cm de largo

Un corchete

### CONFECCIÓN PASO A PASO

1. Cosemos entre sí las 18 piezas y creamos las lorzas.
2. Cosemos la costura lateral izquierda.
3. Insertamos la cremallera (pág. 76).
4. Cosemos el ribete a la cintura (pág. 50).
5. Hacemos el dobladillo del bajo (pág. 67).
6. Cosemos el corchete (pág. 63).

### • Trazado de patrones

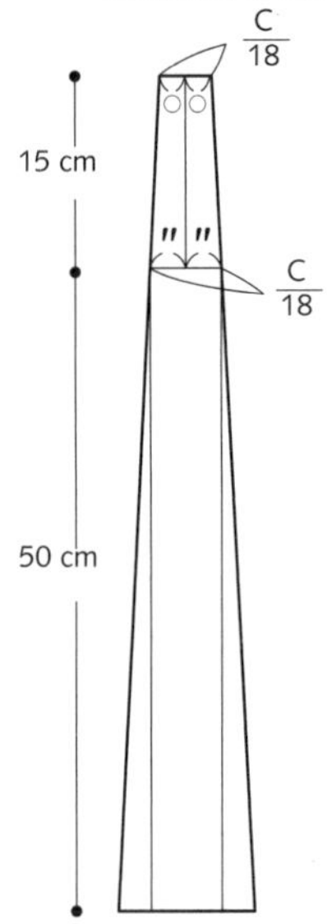

C/18
15 cm
C/18
50 cm

### 1. Unimos las 18 piezas entre sí y creamos las lorzas.

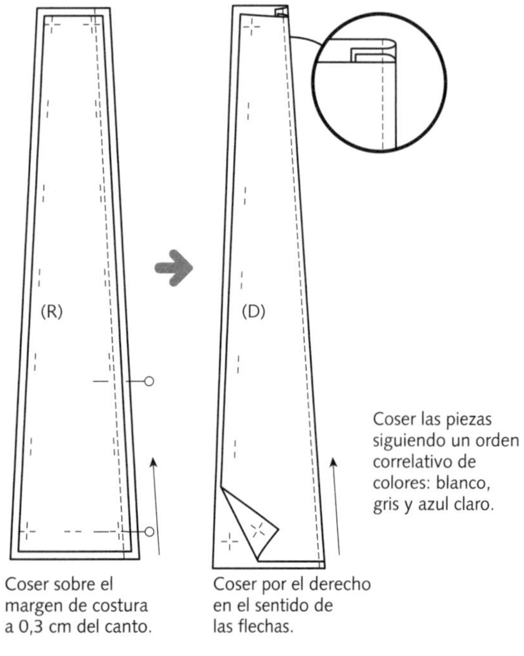

(R)
(D)
Coser las piezas siguiendo un orden correlativo de colores: blanco, gris y azul claro.
Coser sobre el margen de costura a 0,3 cm del canto.
Coser por el derecho en el sentido de las flechas.

### 2. Cosemos la costura lateral izquierda.

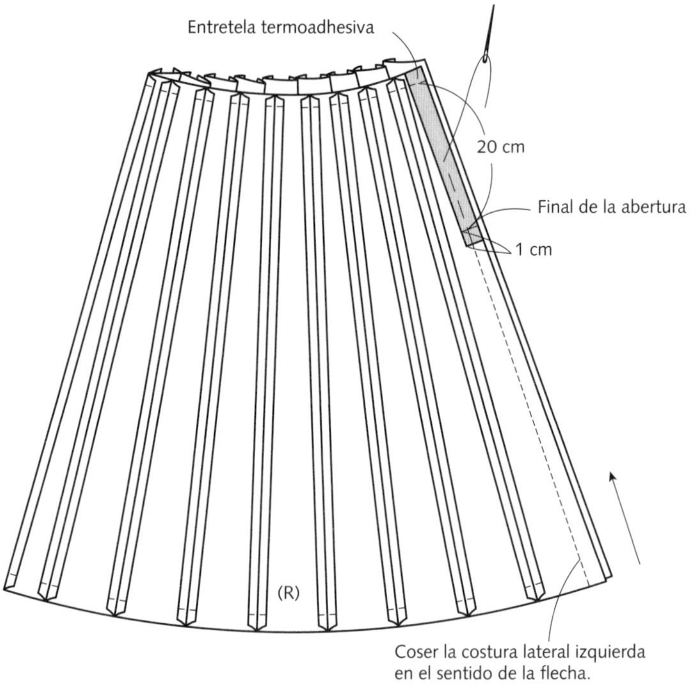

Entretela termoadhesiva
20 cm
Final de la abertura
1 cm
(R)
Coser la costura lateral izquierda en el sentido de la flecha.

## • Colocación de los patrones para el corte

Las cifras entre paréntesis señalan el margen de costura. Donde no se indique, dejamos 1 cm de margen.

Cortar 6 piezas de cada color, blanco, gris y azul claro.

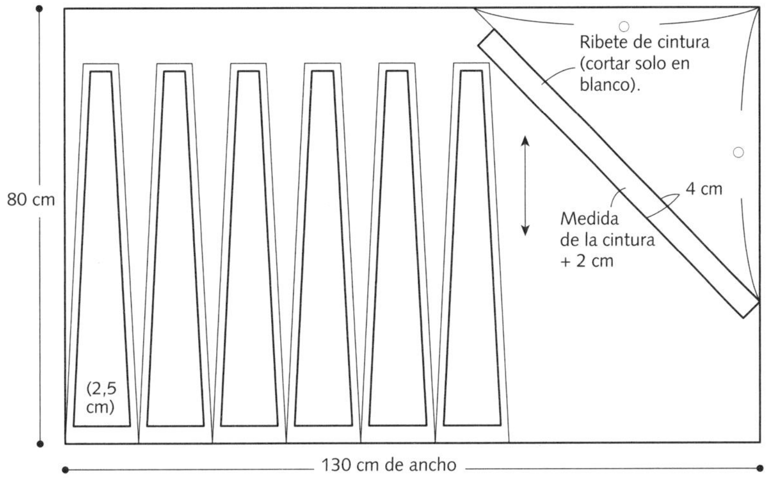


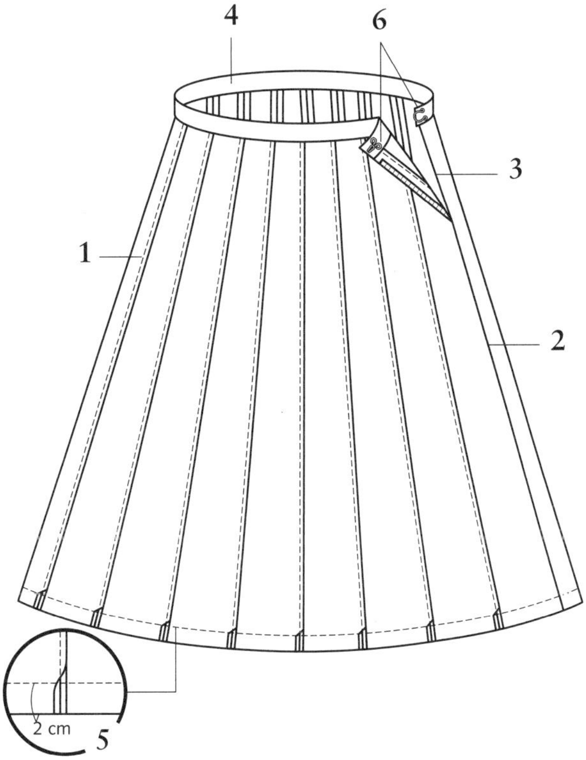

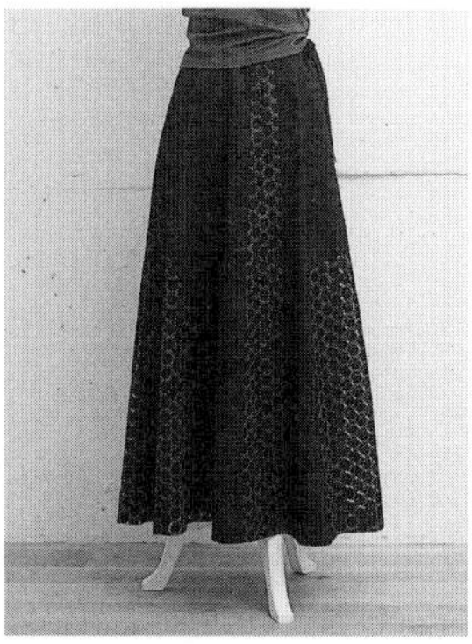

## Ⓦ Falda de ocho piezas y vuelo desigual en bordado suizo (fotos en págs. 30-31)

### MATERIALES

Tejido: una pieza de bordado suizo de 100 cm de ancho × 1,6 m de largo
Una pieza de *dobby* lavable de 50 cm de ancho × 80 cm de largo
Una pieza de linón de 65 cm de ancho × 1 m de largo
Una pieza de cloqué de 40 cm de ancho × 1 m de largo
Una pieza de tejido a cuadros de 60 cm de ancho × 80 cm de largo
Forro: una pieza de cuepro de 92 cm de ancho × 2 m de largo
1 cremallera de 20 cm de largo

### CONFECCIÓN PASO A PASO

1. Cosemos las piezas de la falda.
2. Confeccionamos el forro.
3. Cosemos la costura lateral izquierda y hacemos el dobladillo del bajo (pág. 67).
4. Hacemos coincidir el forro y la falda en la abertura del lado izquierdo y los cosemos.
5. Insertamos la cremallera.
6. Cosemos la jareta a la falda (pág. 55).
7. Confeccionamos el cordón y lo insertamos en la jareta.

### • Trazado de patrones

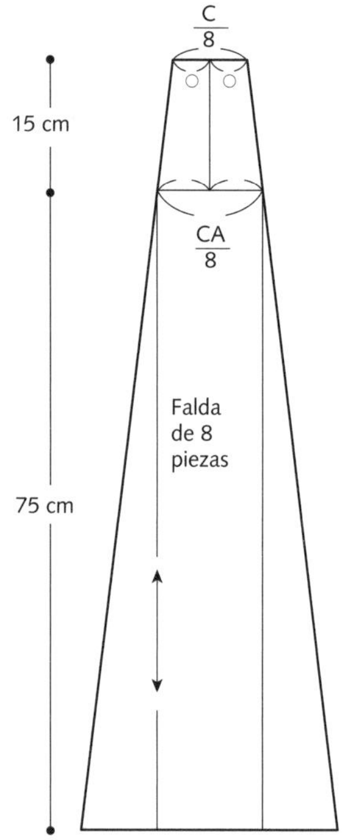


### • Colocación de los patrones para el corte (forro de la falda)

Las cifras entre paréntesis señalan el margen de costura.
Donde no se indique, dejamos 1 cm de margen.

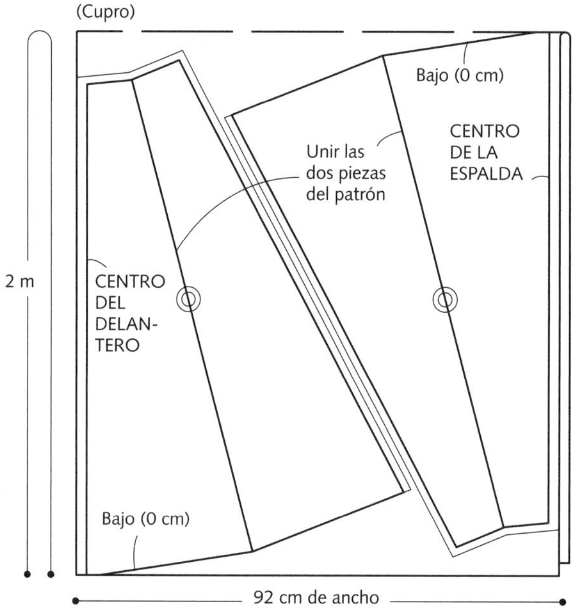


### 2. Confeccionamos el forro de la falda.

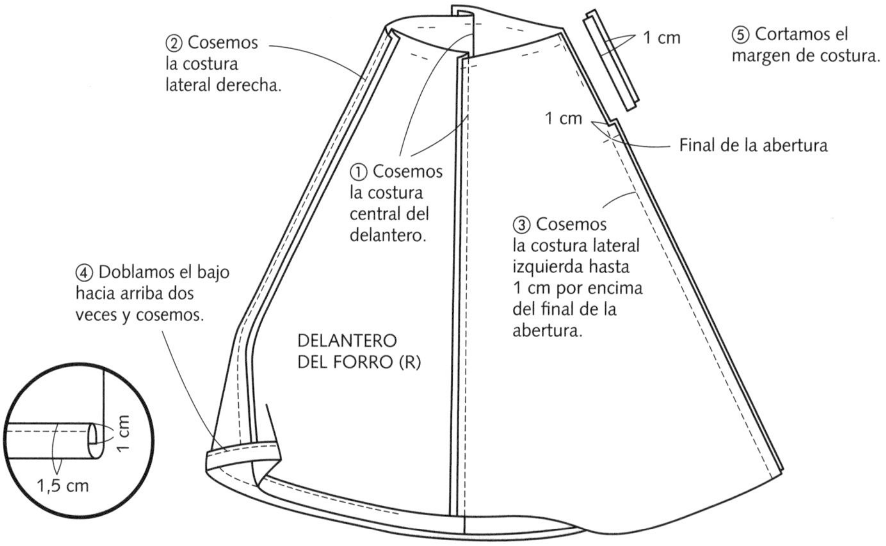

## • Colocación de los patrones para el corte

Trazamos los patrones de la falda, la jareta y el cordón utilizando los siguientes esquemas como guía:

## 1. Creamos las aberturas de la jareta.

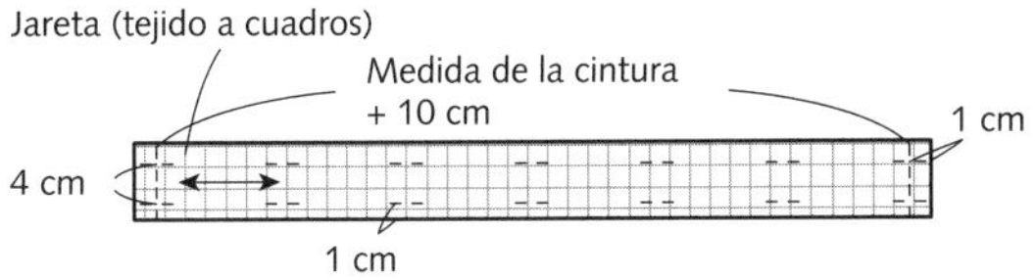


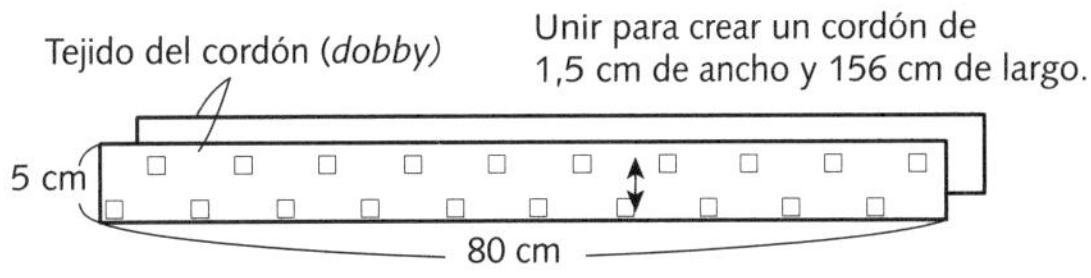


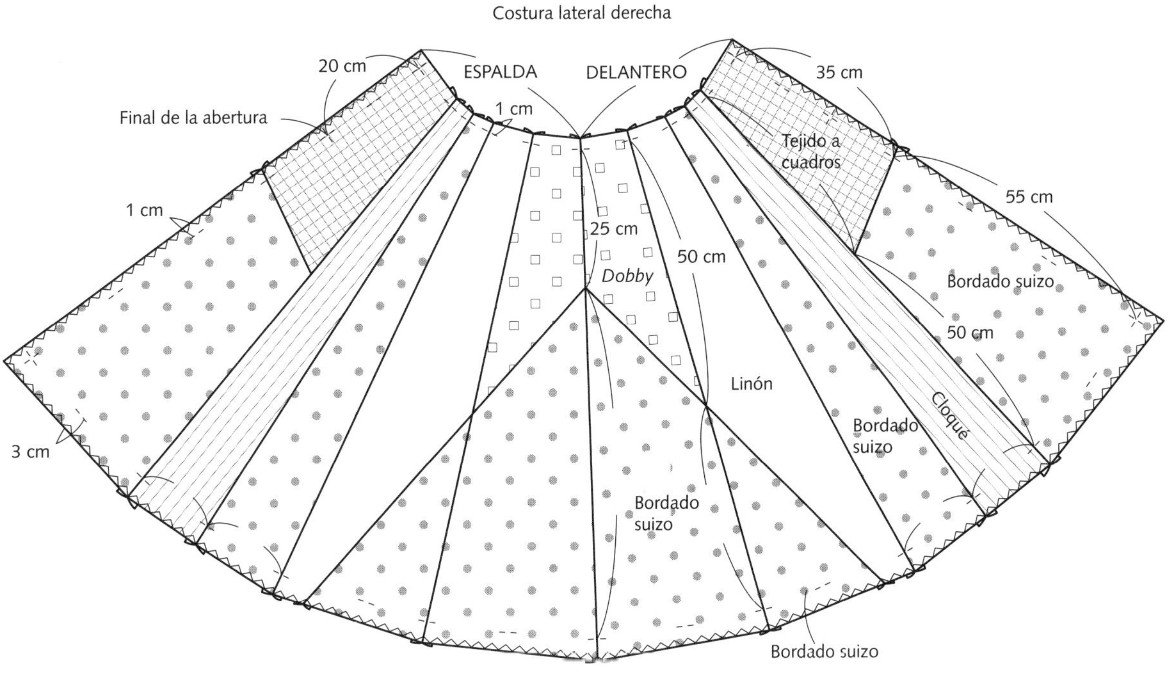

## 4. Hacemos coincidir los derechos de la falda y del forro y cosemos la abertura lateral izquierda.

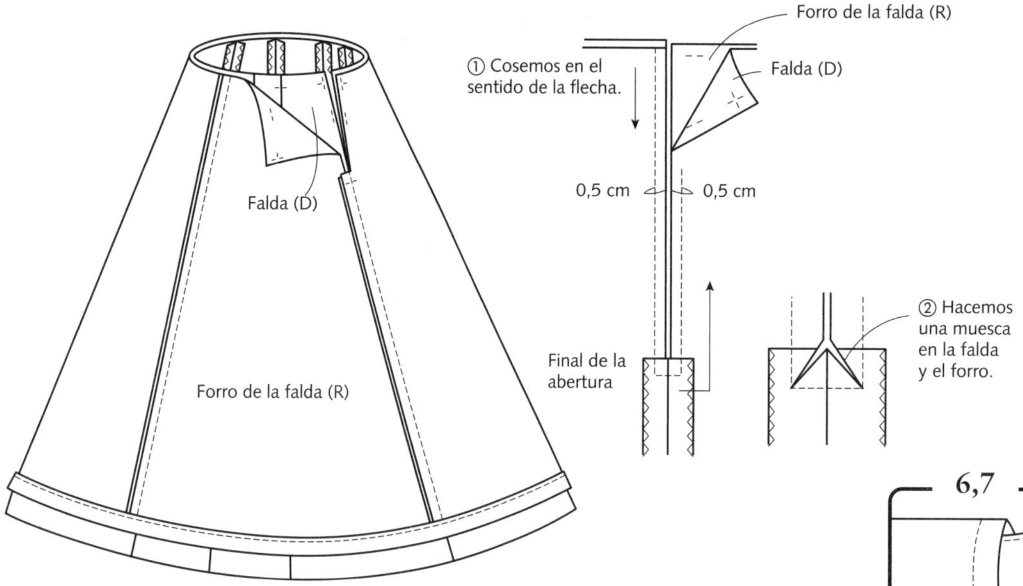


## 3. Cosemos la costura lateral derecha de la falda.

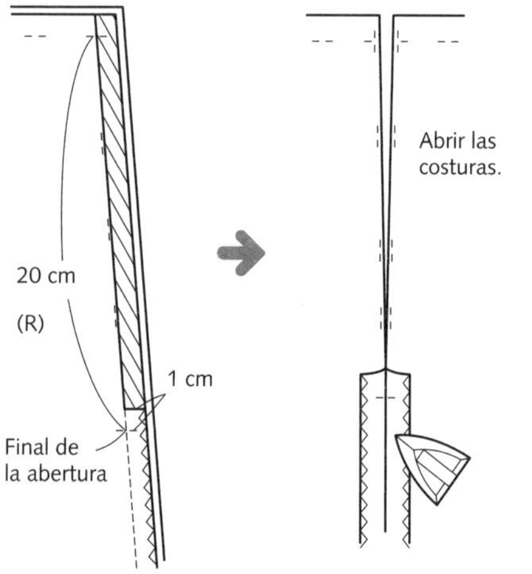


Coser hasta 1 cm por encima del final de la abertura y cortar la zona sombreada con líneas diagonales.

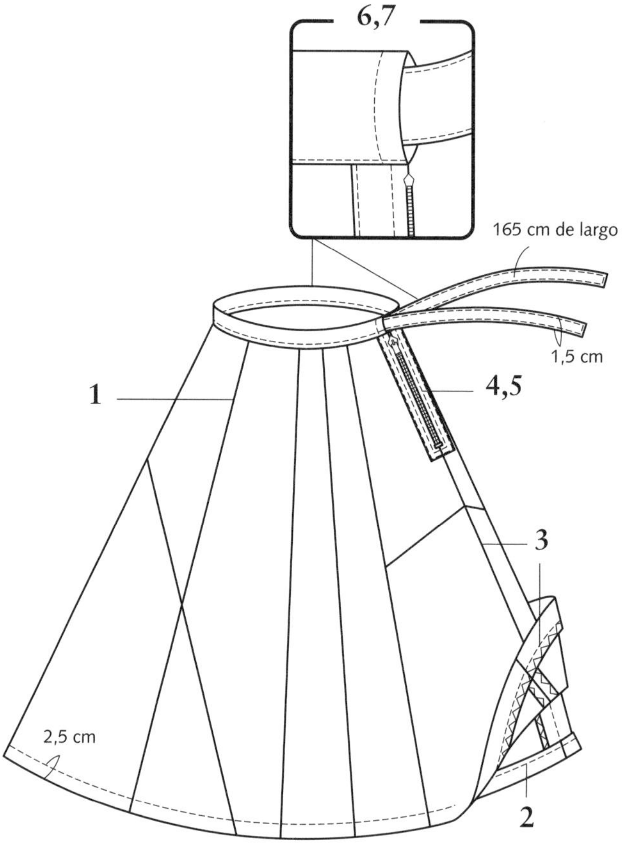

## 5. Insertamos la cremallera.

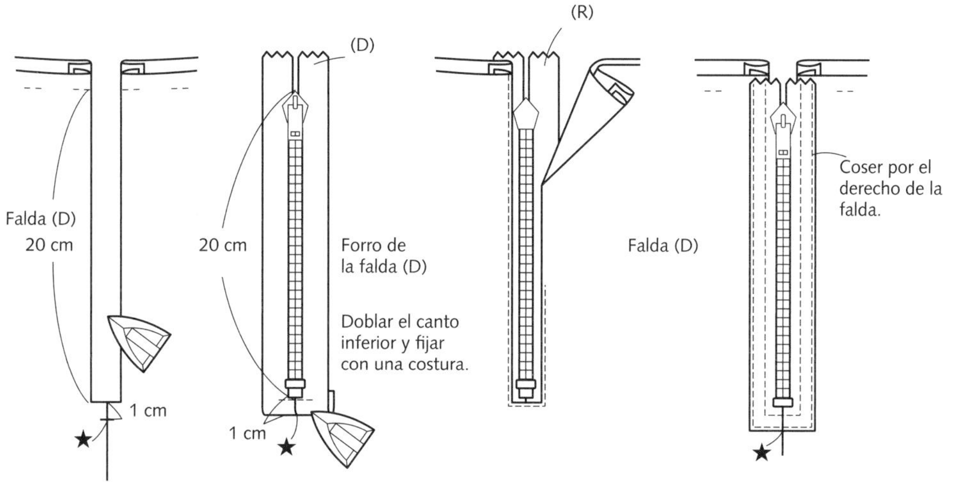


Volver del derecho y planchar.

Hacer coincidir los símbolos y fijar con una costura por la cara del forro.

## • Acabado de los márgenes de costura
## • Zigzag

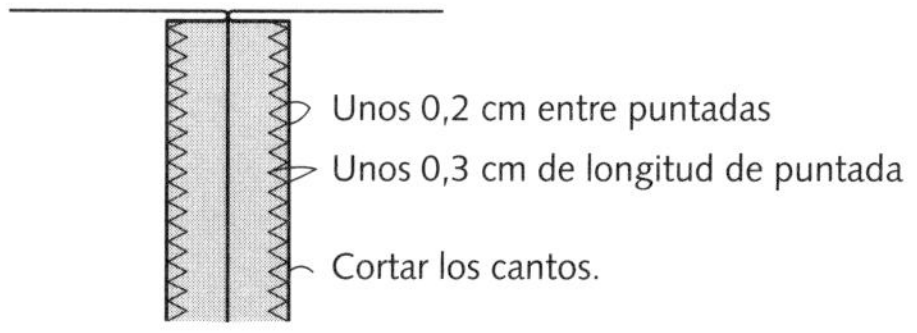


El pespunte en zigzag puede usarse en tejidos que no se deshilachan fácilmente. Si no tenemos una *overlock*, el zigzag es una gran alternativa.

## • Acabado con *overlock*

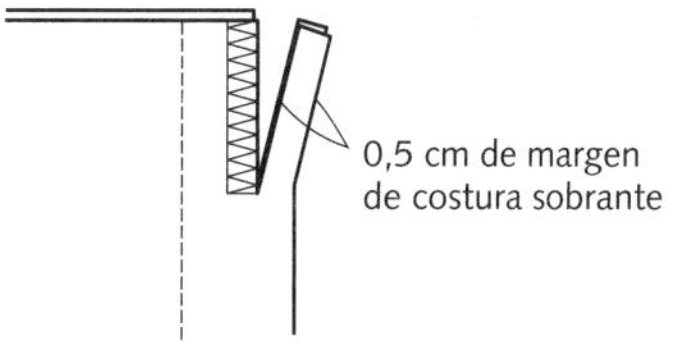


El remallado con *overlock* une y remata los tejidos con firmeza. La remalladora corta el tejido sobrante al tiempo que lo cose y lo remata, por lo que en algunos casos es necesario dejar un margen de costura más ancho de lo normal.

## • Dobladillo doble

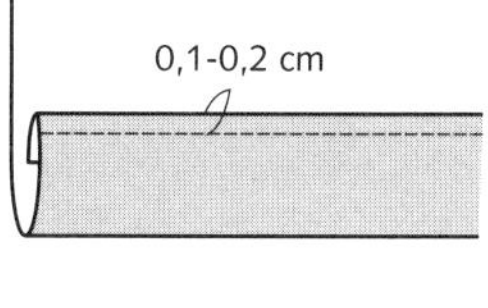


El tejido se dobla dos veces y se fija con una costura. La profundidad de los dobleces puede ir desde 0,3-0,5 hasta más de 4 cm. Este acabado se utiliza, entre otros, para los bajos de las prendas.

## • Dobladillo sencillo

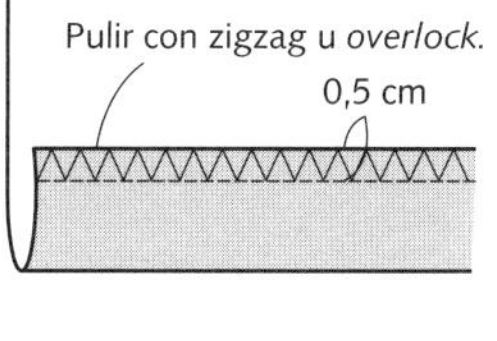


Pulimos el canto con un zigzag o un remallado y después lo doblamos y lo fijamos con una costura.

# Términos de costura

**Refuerzo:** el tejido se refuerza con otro tejido para darle más resistencia, consistencia o cuerpo. El tejido principal y el de refuerzo se trabajan como una única hoja de tejido.

**C (cintura):** se refiere a la cintura o al área que la rodea, situada entre la caja torácica y la cadera. La sección más estrecha se conoce como cintura. En este libro, "C" hace referencia a la medida de cintura final, es decir, a la medida de la cintura de la persona desnuda más 4 cm.

**Fruncido con hilo elástico:** cosemos una hilera de pespuntes a máquina y tiramos del hilo de la canilla para dar volumen al material. El hilo elástico para fruncir suele montarse en la canilla, como puede verse en la pág. 80.

**Pinzas:** se utilizan para adaptar el tejido a la forma humana. Se crean pinzando tejido para reducir la holgura y ahusándolo hasta alcanzar el vértice de la pinza.

**Lorzas:** pliegues de tejido cosidos. También se las llama alforzas. Las lorzas pueden utilizarse para facilitar el movimiento del cuerpo al vestir la prenda o como detalle decorativo. El canto de las lorzas no se pespuntea ni queda oculto.

**Encarar los derechos:** juntar dos piezas de tejido de modo que el derecho (o cara exterior) de uno quede encarado con el del otro (la acción contraria es "encarar los reveses").

**Margen de costura:** tejido adicional necesario para unir dos piezas de tejido con una costura. Se añade al contorno de un patrón en el momento de cortarlo y queda oculto en el interior de la prenda acabada.

**Pieza:** tejido adicional que se inserta en vertical en una prenda, como, por ejemplo, una falda, como parte del diseño o a modo de adorno.

**CA (cadera):** área del cuerpo situada alrededor de la cadera y los glúteos. La cadera debe medirse en la parte más ancha colocando la cinta métrica plana sobre el cuerpo. En este libro, "CA" es la medida final de la cadera, es decir, la medida de la cadera con el cuerpo desnudo a la que añadimos 4 cm de holgura.

**Abrir las costuras:** abatir los márgenes de costura a ambos lados del centro de la misma. En una costura plana, los dos márgenes de costura se abaten hacia el mismo lado y se aplanan con la plancha.

# Símbolos utilizados en este libro

Prenda acabada.

Línea de división de una medida (en algunos casos se utilizan ○ y ").

Línea de ángulo recto. Sirve como guía para trazar patrones.

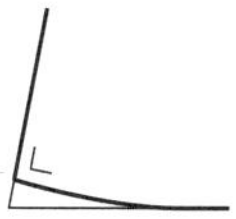

Línea de doblez del tejido.

Aplomo. Símbolo para casar piezas del patrón. Se utiliza para crear un nuevo patrón haciendo que dos piezas coincidan.

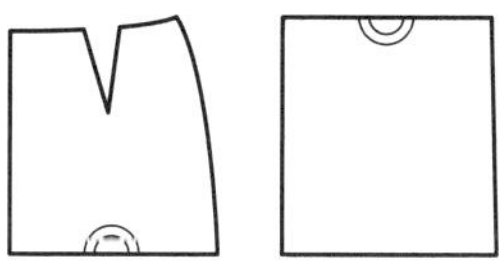

Sentido del recto hilo. Colocamos el patrón sobre el tejido de modo que el recto hilo vaya en paralelo a esta línea.

Línea del pulido.

Piquete. Hacemos coincidir estos símbolos para alinear dos hojas de tejido.

Pliegue. La línea diagonal muestra el sentido del pliegue. En este esquema, el lado izquierdo queda superpuesto.

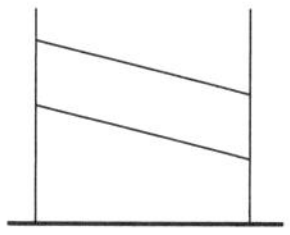

Título original: CHOKUSENNUI NANONI KIREI NA SILHOUETTE NO SKIRT
por Sato Watanabe.

Edición original japonesa publicada en 2006 por KAWADE SHOBO SHINSHA, Ltd.
Publishers, Tokio

La edición española se publica con el acuerdo de KAWADE SHOBO SHINSHA, Ltd.
Publishers, Tokio por mediación de Tuttle-Mori Agency, Inc., Tokio.

Dirección de arte y diseño: Masami Furuta
Fotografía: sai
Instrucciones (redactado): Yumiko Yoshimoto (a-f, h-j, l-m, p-w); Rie Niitsuma
(g, k, n-o)
Ilustraciones: Noriko Hachimonji, Mamiko Kobayashi
Pruebas de confección: Mieko Yumoto, Utako Imai, Mitsuko Isogaya, Rie Niitsuma,
Kumiko Ogawa, Fumiko Koyanagi, Yorie
Editor de la obra original: Atsuko Sakamoto

Traducción de Belén Herrero
Diseño de la cubierta: Toni Cabré/Editorial Gustavo Gili, SL



*Printed in Spain*
ISBN: 978-84-252-2979-4
Depósito legal: B. 4304-2017
Impresión: Gráficas 94, Sant Quirze del Vallès (Barcelona)

**Editorial Gustavo Gili, SL**
Via Laietana 47, 2.°, 08003 Barcelona, España. Tel.: (+34) 93 322 81 61
Valle de Bravo 21, 53050 Naucalpan, México. Tel.: (+52) 55 55 60 60 11